KUS
ME
WILD

Een sensuele zoektocht
naar de liefde

ANNA DE ROO

KUS
ME
WILD

*Een sensuele zoektocht
naar de liefde*

SIJTHOFF

Op p. 113/114 wordt geciteerd uit het gedicht 'De buigzaamheid van het verdriet' van Hans Lodeizen. Uit: *Het innerlijk behang*, Amsterdam, Van Oor-
schot, 1949.

© 2009 Anna de Roo
Uitgeverij Luitingh ~ Sijthoff B.V., Amsterdam
Alle rechten voorbehouden
Omslagontwerp: Nanja Toebak
Omslagfotografie: Getty Images
Auteursportret: © privécollectie Anna de Roo

ISBN 978 90 218 0262 6
NUR 301

www.boekenwereld.com en www.uitgeverijsijthoff.nl

VOORWOORD

Soms, als ik 's nachts niet kan slapen – wat vaak gebeurt, slapeloosheid wordt waarschijnlijk mijn doodsoorzaak – dan probeer ik me de namen te herinneren van de mannen die in mijn bed zijn beland. Of in wiens bed ik ben beland. Elke keer weer duikt er een naam op die ik de nacht tevoren over het hoofd had gezien. En elke keer weer zijn er gezichten bij waarvan de naam me ontglipt.

Dit verslag is dan ook niet volledig. Ik heb bijvoorbeeld Theo achterwege gelaten, die ik leerde kennen op een bus in het ruige landschap tussen Athene en Thessaloniki, niet ver van de Olympus. Ik probeerde indruk op hem te maken door uit mijn hoofd Griekse gedichten op te dreunen. Hij probeerde mij te imponeren door de leden van het Nederlandse elftal op te noemen.

Toen we aankwamen in Thessaloniki, in het holst van de nacht, troonde hij me mee naar de boulevard, waar hij me optilde en in zijn armen naar het standbeeld van Alexander de Grote droeg.

Later die nacht, met kaarslicht en harswijn in zijn bed, leerde hij me zijn favoriete Griekse woorden: *kefi, meraki, filotimo.* Kefi: vrolijkheid en pit. Meraki: een onvertaalbaar begrip dat tegelijkertijd passie, perfectionisme en levenslust betekent. En filotimo: de vastberadenheid om in alle omstandigheden je zelfrespect te behouden en waardig en correct te handelen.

Zijn ernst en overtuiging gaven me het gevoel dat er buiten een oorlog gaande was, en dat wij verzetsstrijders waren en hij me de codewoorden doorgaf die ik nodig had om te overleven.

Theo had lange haren tot over zijn schouders, de enige jongen met lang haar met wie ik ooit heb geslapen. Ik had me nooit aangetrokken gevoeld tot jongens met lang haar, maar na die ervaring ben ik altijd blijven hopen er nog eens eentje tegen te komen. Zijn haren voelden zo heerlijk aan op mijn huid dat ik, die al van kleins af aan een jongenskopje had, mijn eigen haar nooit meer heb laten knippen.

Al denk ik met veel warmte aan Harris terug, ook hem heb ik overgeslagen, een beeldhouwer van Koreaanse afkomst die ik leerde kennen op de trappen van een jeugdherberg in San Francisco. Hij had een discobal in zijn sixties-Cadillac hangen. Hij droomde ervan in Parijs te gaan wonen en hield van Rimbaud. 'Rambo', verstond ik eerst. *A Season in Hell and The Drunken Boat* lag in paperback op het dashboard. Toen we afscheid namen, gaf-ie het me cadeau.

Jarenlang zou ik dat boek met me meezeulen. Maar ik denk niet dat ik het ooit heb uitgelezen. Ik wilde gewoon een stukje Harris bij me houden.

Harris en ik sliepen samen onder de redwoodbomen en onder de sterren op verlaten stranden en op de hoge klippen boven de Stille Oceaan. Hij was ontzettend lief; iemand die echt om mensen gaf. Besefte ik jaren later.

Hij bleef me een jaar lang brieven sturen, geschreven in het mooiste handschrift dat ik ooit heb gezien. Hij nodigde me meermaals uit hem te komen opzoeken in Miami, waar hij woonde, maar ik wimpelde dat altijd af. Ik was te verlegen, en bovendien, Miami trok me niet.

's Nachts, in mijn dromen, bleef ik Aziatische jongens kussen.

'Het is een teken dat je oosterse filosofieën zoals het boeddhisme en het taoïsme moet omhelzen,' beweerde Anabel, mijn beste vriendin in Californië.

Maar ik wist wel beter.

Ik heb het ook niet over de zeekapitein uit Trinidad, die ik tegenkwam in het vliegtuig tussen Schiphol en L.A. Hij had dreadlocks en massieve witte tanden, en zijn torso en armen waren zo gespierd dat ik me voorstelde dat hij met blote handen een haai kon vangen. Zijn buik was zo strak en hard dat je er een brandende kaars op kon laten balanceren. Hij had de benen van een professionele voetballer en zijn geslachtsorgaan was immens.

Hij lachte vaak en hard, je kon hem waarschijnlijk van driehonderd meter afstand horen, en door hem ontdekte ik de betekenis van de uitdrukking 'rauwe dierlijke kracht'.

We brachten achtenveertig uur door in een hotelkamer in Venice Beach, waarna hij me luid lachend uitnodigde mee naar Trinidad te komen.

Maar ik besefte dat rauwe dierlijke kracht alleen mijn aandacht niet lang genoeg kan vasthouden, en hij vertrok zonder mij.

Uit dezelfde periode dateert de liftjongen van de Sears Tower in Chicago, die ik ontmoette in een boekwinkel waar bijna niemand kwam. Ik ben zijn naam vergeten, maar niet zijn ogen, noch zijn lach. En Jared, de Lakota-indiaan in Utah, die de plaatselijke schaakkampioen was en nog nooit de oceaan had gezien. Hij was klein maar sterk en bedreef de liefde met me op een rotsblok in Monument Valley, 's nachts onder de melkweg. Zijn lichaam was zelf als een rotsblok.

Om maar met iemand af te sluiten: ik heb ook de mooie, tengere Brusselse antiekhandelaar met de volle lippen en de hippe cabriolet achterwege gelaten, die me als een blind date was doorgespeeld door een internetkennisje van me dat ik nooit live had ontmoet. Hij was zacht en rusteloos en woonde op een zolderverdieping; zijn kleren in een koffer, hijzelf altijd onderweg in zijn cabriolet of per vliegtuig, bus, trein of te voet, wandelend door de stad.

Drie weken heb ik het bij hem uitgehouden. Ik werd er zeeziek van. Hij leek te veel op mij.

P.S. Er was ook nog Kostas, die bloemen verkocht op de stranden van Corfu en me een paar weken meenam op zwerftocht van eiland naar eiland, in zijn oranje eskimokajak. We leefden op rozijnen en sardientjes uit blik en urenlang bedreef hij de liefde met me, in zijn kajak, deinend tussen slierten lichtgevend plankton op de perfect blauwe Ionische Zee. Tegen iedereen die ons pad kruiste riep hij: 'Wij zijn zeezigeuners uit Egypte, op zoek naar goud!'

NEDERLAND

CINEMA EDEN

Ik werd twee weken te laat geboren. Toen mijn moeder negen maanden en tien dagen zwanger was ging ze samen met mijn vader naar een film van Pasolini, in een mooie ouderwetse bioscoop die Eden heette. Daar, op een roodfluwelen zetel, braken mijn moeders vliezen. Ik ging meteen zo hard tekeer en de weeën waren zo hevig dat het onmogelijk was voor haar om nog naar de auto te wandelen. Voordat mijn vader een ambulance kon bellen, floepte ik eruit. Op de roodfluwelen zetel.

'Het was een voorteken!' zucht Anabel daarover altijd. 'Pasolini hield ook te veel van mooie jonge jongens.' En dan schudt ze afkeurend haar hoofd.

Anabel, mijn beste vriendin, is een voormalige bikinidanseres die zich bezighoudt met tekens, dromen en sterren en die heel ernstig is over wat zij 'het verrichten van de daad' noemt.

Mijn ouders ontmoetten elkaar op de universiteit. Zij studeerde rechten, hij geneeskunde. De nacht nadat mijn vader haar had leren kennen, bracht hij een gitaarserenade voor het raam van mijn moeders studentenkamer. Een Spaans liedje, over een berg-weggetje.

Zij belde de politie. Hij kreeg een boete voor geluidsoverlast.

Vier jaar lang moest hij haar het hof maken, voor ze bezweek voor zijn avances.

'Waarom ben je dan uiteindelijk toch met hem getrouwd?' heb ik haar wel eens gevraagd.

'Gewoon, omdat hij er altijd was.'

En mijn vaders antwoord op de vraag waarom hij per se haar wilde: 'Tja, ik zou het niet weten.'

Op het huwelijksmenu stond zwezerik, patrijs en artisjok, wat ik altijd erg poëtisch vond klinken. Voor hun huwelijksreis trokken ze in hun deux-chevaux naar Barcelona. Ze bedreven voor het eerst de liefde ergens in de Pyreneeën. In een hotelbed vol vlooien.

Mijn vader werd gynaecoloog. Mijn moeder advocate, gespecialiseerd in echtscheidingen en gevreesd door mannen over de hele provincie.

De verhalen waarmee ik opgroeide aan de ontbijttafel waren van dien aard dat ik al snel doorhad dat ik te romantisch ben om te trouwen en niet moedig genoeg om kinderen te krijgen.

Overigens, zolang ik me herinner hebben ze ruziegemaakt en dreigde mijn moeder met echtscheiding. Maar na meer dan veertig jaar huwelijk zijn ze nog altijd samen.

Ze waren allebei maagd toen ze trouwden.

'Echt maagd,' preciseert mijn moeder altijd.

In die tijd bestond de pil nog niet en condooms waren slechts op doktersvoorschrift verkrijgbaar. Alleen voor getrouwde stellen. Je moest ervoor naar de stad en kreeg maximaal twee pakjes per keer mee. Tenminste, dat beweert mijn moeders huishoudster. Ondanks haar eigen beroep en dat van mijn vader, is mijn moeder te preuts om over dergelijke details te praten.

Ooit, toen ze heel erg dronken was, biechtte ze op dat ze voor hun huwelijk wel een keer samen de nacht hadden doorgebracht. In een groezelig hotel in een ongure wijk, niet ver van het station.

'Maar we zijn wel kuis gebleven,' bezwoer ze me. 'En zorg ervoor dat tante Emmie nooit te weten komt dat we dat gedaan hebben.'

Tante Emmie is mijn moeders oudere zus. Ze gaat er prat op nooit in haar leven een voet in een bioscoop te hebben gezet.

'Die smeerlapperij,' moppert ze over films.

Op haar eerste feest werd tante Emmie verkozen tot koningin van het bal. Dat was op 23 oktober 1955, ze zou zich de datum altijd herinneren. Ze werd gechaperonneerd door mijn grootouders en droeg een knielang wit jurkje dat de naaister van het dorp in elkaar had gezet. De mannen kregen bij de ingang van het bal allemaal een strikje om op de jurk te spelden van het meisje dat ze het mooist vonden. Het was tante Emmie die de meeste strikjes kreeg.

Op het bal werd er gewalst en gefoxtrot en werd de tango gedanst. Mijn tante leerde er haar grote liefde kennen, Frederik.

'Een mooie, grote man,' zegt ze er altijd bij. 'Een voorname man. De eerste man van het dorp die een Cadillac had.'

Drie jaar later kwam Frederik mijn grootouders vertellen dat hij tuberculose had.

Een paar maanden later was-ie dood. Hij was achtentwintig, mijn tante eenentwintig.

'Dat was niet prettig, maar je accepteerde het,' zegt tante Emmie. 'Zo is het gegaan en het was gedaan. Dat is het leven.'

En dan heft ze haar kin op en begint erwtjes te doppen en klaagt dat de meisjes van tegenwoordig geen toilet meer maken en geeft commentaar op het liefdesleven van de Europese prinsen en prinsessen.

'Frederik was haar grote liefde,' knikt zelfs mijn moeder instemmend, mijn lastige moeder die het normaal nooit met iemand eens is. Mijn moeder leest Machiavelli en luistert naar militaire marsen, en als er vroeger vriendinnetjes kwamen spelen liepen ze wenend naar huis omdat ze bang van haar waren, en de ouders van mijn vrienden verlaten halsoverkop recepties en feesten als mijn moeder binnenkomt.

Er is nooit meer een andere man geweest in tante Emmies leven. Zelfs al werd ze op de Expo van 1958 in Brussel verkozen tot meisje met de mooiste benen.

Toen ik kind was naaide tante Emmie massa's poppenkleedjes voor me, perfect afgewerkt, in de mooiste stoffen, miniaturen van de modellen van haar eigen avondkleren. Haar hele leven lang bleef ze voor zichzelf avondjurken naaien en mooie schoenen kopen. Die ze nooit zou aandoen. Tante Emmies schitterende jurken hangen allemaal ongedragen in de kast, onder een plastic beschermhoes. Op hangers waarvan ze de hoeken zorgvuldig heeft verdikt en afgerond met sponsjes en met flanel van verknipte oude lakens. En de magnifieke schoenen zitten keurig opgeborgen in nylonkousen. Er bleven almaar kasten bij komen. Maar naar feesten is ze nooit meer gegaan.

Telkens als we het over de liefde hebben, heft tante Emmie haar vinger op en bezweert ze me: 'Hannah, nu moet je eens goed luisteren. Een man moet ouder zijn dan jij, groter, en rijk.'

Tevergeefs. Ik ben altijd blijven vallen op mannen omwille van hun mooie lach. Of omdat ze mij deden lachen. Of om de manier waarop mijn huid reageerde op hun huid. En meer dan eens uit pure nieuwsgierigheid, omdat ze zo anders waren dan ik.

'Je hebt talent om verliefd te worden,' oordeelde een van mijn therapeuten ooit. Degene met wie ik in bed belandde. Maar daar kom ik later op terug. Ik denk dat hij gelijk had. En misschien komt het allemaal door de beroepen van mijn ouders en een film van Pasolini in een bioscoop die Eden heette.

DE KUS

Op mijn tiende werd ik in een grijs uniform gestoken en naar een door benedictijnse nonnetjes gerunde kostschool gestuurd. Blokfluit spelen was er de enig toegestane vrijetijdsbesteding.

's Morgens verplichtte zuster Deocara me smeerkaas te eten en 's avonds lauwe spaghetti, in een eetzaal waar niet mocht worden gesproken. De klaslokalen en de gangen en de kamers roken naar kaarsen en wierook waar ik misselijk van werd.

Gelukkig had ik op mijn zestiende de neiging te rebelleren. Na een paar enorme scènes met mijn moeder mocht ik van het internaat af en naar een gewone school, in het stadje naast het onze. Wel een school alleen voor meisjes. Maar een paar straten verder was een jongensschool.

Ik was zestien toen ik voor het eerst werd gekust – spelletjes op de zolder van mijn ouders met mijn schoolvriendinnetje Saskia en mijn buurjongen Josh niet meegerekend.

Mijn eerste kus was met een jongen die Simon heette, de broer van het slimste meisje van mijn klas. Al voor ik hem ontmoette, had ik besloten dat ik hem wilde. De kus kwam ervan op een zaterdagnacht in januari, tegen de muren van het scoutinghonk, waar onze twee scholen samen een feestje gaven. Op het feestje werd 'La Bamba' gedraaid. We dansten in een kring en de jongens moesten een meisje kiezen om in het midden van de kring te kussen.

Ongelooflijk, hoe is het in godsnaam mogelijk, denk ik nu, dat we zo ouderwets waren.

In elk geval, ik kreeg het voor mekaar dat Simon me uitkoos in de kring tijdens het nummer. 'Wil je mee naar buiten?' fluisterde hij me toe in het midden van de kring.

De prozaïsche formulering verbaasde me, maar een paar minuten later stonden Simon en ik samen buiten, hij tegen de muur en ik me tegen hem aan drukkend. Of ik blij was of zenuwachtig weet ik niet meer. Ik weet wel nog dat het buiten vroor dat het kraakte en dat we pal naast de ingang stonden, waardoor ik een paar keer de deur in mijn rug geknald kreeg, en dat ik schrok toen ik plots Simons tong wild heen en weer voelde bewegen in mijn mond. Ik wist niet wat ik had verwacht, maar dat niet. Zijn tong voelde gigantisch groot aan, als een glibberig dier. Ik stikte bijna, terwijl ik van binnen Soft Cells 'Tainted Love' hoorde komen en over Simons schouder staarde, naar de maan die tussen de kale takken van de bomen scheen.

Achteraf veegde ik mijn mond af en mijn gezicht ook en Men at Work speelde 'Land Down Under' en ik dronk nog een glas limonade en dacht: is dit alles?

Wat volgde waren een paar weken van steelse ontmoetingen na school, bij de rivier die door het stadje stroomde waar onze scholen waren.

Telkens weer was ik teleurgesteld als ik Simons tong in mijn mond voelde. En als hij mijn hand op zijn kruis legde. Ik voelde me totaal niet opgewonden. Kon me ook niet voorstellen wat ik verondersteld was te voelen als ik opgewonden was. Ik bleef koppig proberen, maar ik voelde niets.

Toen hij op een dag een briefje meegaf aan zijn zus om me mede te delen dat het uit was – ik weet niet meer welke reden hij gaf – huilde ik een paar obligate tranen en kocht op de woensdagavondmarkt een goudvis die ik Simon noemde en op mijn nachtkastje zette.

Tien dagen later was de vis dood.

EEN STUKJE HEMEL

Mijn eerste grote liefde heette Cas. Ik leerde hem kennen op weg naar school. Het was in de dagen dat de late namiddagen nog langer leken te duren dan nu. Hij reed op een witte fiets. Samen probeerden we de kleur te raden van de auto's achter ons.

Hij had een groen en een blauw oog. Het groene had een stukje goud erin. Zijn krullen waren ook van goud.

Op een ochtend stond hij me op te wachten bij het kanaal, in de schaduw van de kerk. Hij reed niet meteen mee, zoals anders, maar gebaarde me dat ik van mijn fiets moest stappen.

'Ogen dicht en handen open,' fluisterde hij.

Ik deed het. Voelde zijn vingers voor het eerst de mijne raken. Hij legde iets in mijn hand.

'Een stukje hemel,' zei hij.

Toen ik mijn ogen weer opendeed, zag ik een turkooizen knikker. Dezelfde kleur als z'n eigen linkeroog.

In de verte schalde de sirene van de plaatselijke fabriek.

Een paar weken later gaf hij me een lichtblauwe knikker cadeau. 'Een stukje oceaan,' voegde hij eraan toe.

Na school wachtte ik hem altijd op bij de muziekacademie, een door populieren omringd gebouw van oude bruine baksteen. Ik luisterde terwijl hij pianospeelde achter de hoge houten deuren.

Als zijn ouders niet thuis waren, smokkelde hij me hun huis in. Dan speelde hij daar in de woonkamer Beethoven voor me, Chopin, Rachmaninov. Zijn zwarte kat Poirot rustte boven op de piano, onder een reeks schilderijen in aardetinten die de kruisiging van Jezus voorstelden.

Elke zondag reed hij vijfentwintig kilometer met de fiets, door de eindeloze regens, om me te bezoeken. Elke keer bracht hij een geschenkje mee. Zelf geplukte bramen, klaprozen, korenbloemen. Een zilver geverfde zeester. Een vlindervleugel. Brokken Marokkaanse amber, gestolen van zijn hippiezus. Boeken van Herman Hesse, Lawrence Durrell, Paul Éluard, meegekregen van zijn moeder.

Hij mocht mijn slaapkamer niet in van mijn ouders. Meestal bleven we in de tuin zitten, tussen de linden en de perzikbomen, zo nodig onder een paraplu, zonder goed te weten waar we het over moesten hebben. Op de achtergrond kraaiden de hanen en krijsten de pauwen van de buren.

Die zomer bouwden we samen een fort, in een klein stukje wildernis dat ik het riet noemde, langs de beek achter de tuin van mijn ouders. Jarenlang had ik daar alleen rondgezworven. Nu bliezen we er samen zeepbellen. Keken hoe de zon onderging. Hoe mijn vader het gras af reed in de regen, langs zijn alfabetisch geordende kruidentuintje. Het was het laatste fort dat ik ooit bouwde.

Op een mistige namiddag in augustus kusten Cas en ik elkaar voor het eerst. In de duinen aan het Noordzeestrand. Ik logeerde in een bungalowpark bij mijn vriendinnetje Saskia en haar ouders. Cas logeerde twee dorpjes verder, bij zijn tante.

Elke dag schreef ik zijn naam in grote letters in het zand. Elke ochtend nam hij de kusttram naar ons dorp en installeerde zich voor de hele dag op de zeedijk, in de hoop dat ik voorbij zou komen.

De vierde dag was het zover. Ik bloosde toen ik hem herkende. We wisten geen van beiden wat we moesten zeggen.

We wandelden samen naar de duinen. Hij droeg mijn strooien mandje. We vlijden ons neer in het zand. Speelden met een spinnetje. Cas nam het op. Liet het over z'n hand lopen. En dan over de mijne. Ik liet het vervolgens weer van mijn vingers overlopen naar de zijne.

Zo bleven we het spinnetje over en weer doorgeven. Tot we uiteindelijk elkaars handen aan het strelen waren. En het spinnetje vergaten.

Ik sloot mijn ogen. Cas' vingers streelden door mijn haren. Eerst dacht ik dat het de zon was. Toen kuste hij me.

'Als dat spinnetje er niet was geweest hadden we elkaar nooit durven aanraken,' grapte hij later.

De herfstnamiddagen brachten we voornamelijk door in zijn slaapkamer. Op de muren hingen replica's van door Chagall geschilderde stelletjes. Hij streelde mijn handen en toonde me zijn schatten: schelpen, stenen, halfedelstenen. Liet me zijn favoriete muziek horen op zijn plastic platenspeler, een afdankertje van zijn zus: *Concierto De Aranjuez*, 'When a man loves a woman', een pianoconcert van Tsjaikovski, The Velvet Underground. 'Sunday Morning', gezongen door Nico, was mijn lievelingsliedje. Elke dag met Cas voelde als een zonnige zondagochtend.

We verzonnen spelletjes met namen als 'Doodsbedje', 'Hotelletje in Londen' en 'Schuilplaats voor de Derde Wereldoorlog', die ons de gelegenheid gaven zwijgend elkaars lichaam te verkennen, verscholen onder de dekens. Gewoonlijk kwam net dán zijn moeder even op de deur kloppen, of we niet even wat zouden gaan wandelen.

We hingen graag rond tussen de grafzerken en de berken op het kerkhof. Keken toe hoe de waterjuffers paarden boven de beek. Luisterden naar de treinen in de verte.

Toen de eerste sneeuw viel in december verborg Cas een houten lieveheersbeestje in mijn handschoen. Ik was ontroostbaar toen ik het een paar maanden later verloor tijdens een skitocht in de Alpen.

We zagen elkaar elke dag voor en na school. Toch stuurde hij me lange brieven en gedichten met de post, geschreven in turkooizen inkt, op flinterdun lichtblauw luchtpostpapier.

Iedere ochtend, zodra ik wakker was, holde ik de trappen af en rende blootsvoets door mijn moeders rozentuin naar de oude groene bijenkas die dienstdeed als brievenbus, op zoek naar blauwe luchtpostenveloppen met kleurrijke postzegels.

'Postkaart van een Schot', luidde de titel van een van zijn gedichten.

Jaren zou het haar duren
Nooit bevrediging vindend
Engelen konden het ook niet helpen
Onvoorspelbaar traag zou de tijd zijn
Ondraaglijk zwaar
Verpulverd tot stenen.

Ik begreep er niets van.

Het laatste gedicht dat hij me stuurde ging over

een eenzame bruid
op huwelijksreis in een papieren hotel
haar echtgenoots dode lichaam
op de oever van een onduidelijke rivier
in een doodskist
gebracht door de oceaan.

Ik vroeg me af wat Cas bedoelde. Hij wist het zelf ook niet, denk ik.

Een jaar na onze eerste kus bedreven we voor het eerst de liefde. Een bewolkte vrijdagnamiddag. Een week nadat ik begonnen was met mijn studie aan de universiteit en hij op het conservatorium. Ik spijbelde van mijn geschiedenisles. Het gebeurde in stilte, onder de dekens. Het duurde even voor het lukte. Het was best leuk. Het had wel wat langer mogen duren, vond ik.

Achteraf namen we elk apart een douche. We waren te verlegen om samen te douchen. In die dagen kleedde ik me uit in het donker. Zelfs als ik alleen was.

Daarna zaten we op mijn vensterbank. Een pluizige rosse kat die we nooit eerder hadden gezien rende door de tuin. We doopten haar Oceaantje.

Een paar weken later vond ik een brief van Cas in de bus, geschreven met diezelfde turkooizen inkt op luchtpostpapier, waar-in-ie het uitmaakte.

HONDERDEN LIEVEHEERSBEESTJES IN ONS BED EN BLOEMEN LUID JUICHEND KABBELEND DOOR MIJN HART

Ik, die nooit iets heb kunnen houden – geen handschoenen of gsm's want ik verlies ze, geen zonnebrillen want ik ga erop zitten en breek de glazen, geen kleren want ik scheur ze of maak er vlekken op, geen goudvissen of planten want ze sterven altijd, zelfs geen pennen want na twee uur heb ik ze stukgebeten, geen tramabonnementen, flats, mannen, sleutels of baantjes –, ik heb al Cas' brieven bewaard. In een grote, ronde koperen doos, de doos waarin tante Emmie vroeger haar naaispullen bewaarde.

Toen ik onlangs de doos opendeed vond ik er, naast de dozijnen gedichten en brieven op luchtpostpapier, onder andere een turkoois papieren vliegtuigje in dat Cas ooit vouwde tijdens de zondagsmis. Een met een strikje bijeengebonden haarlok van Cas. Een treinticket naar zee. Een postkaart van een schilderij van Paul Klee met de titel *A Young Lady's Adventure*. Nog meer kaarten van Paul Klee. Een kaart van Hundertwasser in allemaal verschillende schakeringen goud, met op de achterkant een gedicht over een stel dat ontwaakt in een hemelbed tussen honderden lieveheersbeestjes. Een door Cas' moeder gebreid wit konijntje met een groen en een blauw oog. Een leeg potje muskusolie. Een cocktailparapluutje. Een foto van Cas in een witte lange broek met dunne lichtblauwe streepjes, op de vensterbank gezeten, die half verscholen achter een gordijn zijn basketbalschoenen aan het veteren is. Een gedroogde gele roos die ik kreeg op mijn zeventiende verjaardag. Een gebloemd glazen ringetje. Een vergulde sleutel, geen idee waarop die ooit heeft gepast. Vijf zilver geverfde zeesterren. Een prent van een jongen en een meisje die boeken verbranden in een haardvuur, met op de achtergrond een ballon boven een oceaan met een schip. Een postkaart van een muurschildering uit Pompeï, van Amor op een krab, met in Cas' hanenpoten: 'Als ik aan je denk voel ik bloemen luid juichend kabbelen door mijn hart.'

Cas zou uiteindelijk bankbediende worden. Ongelooflijk, denk ik nog steeds. Wat een verspilling van poëtisch talent.

LE JEUNE FACTEUR EST MORT

Jaren later pas zou ik leren dat je geen man moet willen die jou niet wil. Het lijkt zo vanzelfsprekend nu, maar toen wist ik het nog niet, en op een namiddag, terwijl het stortregende en de herfstbladeren de goten verstopten, verborg ik me met een boeket witte lelies achter een spar in de straat van Cas.

Nadat ik hem had zien thuiskomen gaf ik het boeket aan een willekeurige voorbijganger, een heer met een hoed en een pijp.

'Kunt u die misschien gaan afgeven bij dat huis met die groene deur?' vroeg ik hem. Ik was niet eens zenuwachtig, zo overtuigd was ik van mijn plan.

Ik keek toe hoe de heer met de hoed aanbelde. Zag de deur opengaan. Maar vluchtte weg voor ik de uitdrukking op Cas' gezicht kon zien.

Nadien heb ik deze actie nog een paar keer herhaald, telkens met een ander soort bloemen. Ook een keer met een doosje lieveheersbeestjes die ik was gaan vangen in het park. En een keer met twee zelfgevangen libellcs in een glazen bokaal.

Op geen enkel initiatief reageerde hij. Hij leek van de aardbodem verdwenen. Nu vind ik het heel begrijpelijk dat hij zich doelbewust voor me verschool, maar toen begreep ik er niets van.

In die dagen heb ik zelfs mijn enige daad van vandalisme begaan: tegenover Cas' studentenkamer ben ik ooit in een koude herfstnacht op de muur gaan kladden. CAS KOM TERUG. In zwarte letters, een meter hoog.

Hij kwam niet terug. Niet meteen tenminste.

Middagen, avonden lag ik op bed te huilen en naar nocturnes van Chopin te luisteren, en naar droevige Franse chansons zoals Georges Moustaki's 'Le jeune facteur est mort'.

Maanden later nog doolde ik wenend door de straten. Bij elke voetstap scandeerde het in mijn hoofd: 'Cas kom terug.'

Ik had niemand om me te troosten. Mijn moeder had het te druk met haar echtscheidingen, mijn vader met zijn bevallingen en mijn vrienden en vriendinnen snapten niet wat er zo erg was.

'Ga je nu verdomme eens ophouden je te gedragen alsof je een personage bent in een film?' riep mijn buurjongen Josh, toch een goede vriend. Hij onderbrak me telkens als ik iets over Cas wilde zeggen, waarin hij achteraf bekeken groot gelijk had.

'Opgeruimd staat netjes,' vond Saskia. Zij had sowieso nooit begrepen wat ik in Cas zag. Zij gaf niet om piano en poëzie. Op de universiteit begon ze hakjes te dragen en blouses met schoudervullingen en strikjes onder de kraag die tante Emmie graag gezien zou hebben. En tot mijn afgrijzen probeerde ze me mee te tronen naar de studentenclub van de rechtenfaculteit, waar de jongens petten droegen en gestreepte dassen. Ik stond versteld van haar transformatie. Op de lagere school hadden we samen dagenlang cowboy en indiaantje gespeeld – zij de cowboy en ik de indiaan – en zij was het meisje geweest dat met een paraplu van het garagedak sprong terwijl ik bibberend toekeek en er een tekening van maakte. Op de middelbare school kleedde zij zich als een punker toen ik witte jurken droeg en op feestjes ging ze met jongens 'mee naar buiten' voor ik begreep wat dat betekende.

Die treurige maanden na het verlies van Cas bracht ik grotendeels alleen door, opgesloten in mijn studentenkamer, levend op campari en de valium die ik van tante Emmie had gestolen.

En toen dook Max op in mijn leven.

DE SNEEUWWANDELING

Volgens Max begon het allemaal al eerder.

'Het begon al in de nacht van ons eindexamenfeest,' beweerde hij steevast.

De laatstejaars van onze scholen hadden samen een slotfeest georganiseerd, in een verwilderde stadstuin achter een voormalig burgemeestershuis. De toenmalige Lage Landenversie van de Amerikaanse *prom*: een hoopje pubers in te strakke jeans en te wijde slobbertruien die op de dansvloer naar de grond stonden te staren op de maat van duistere new wave.

Cas was er niet die nacht. Hij had huisarrest omdat hij drie herexamens had.

Ik reed erheen op de fiets, samen met Josh. Josh was Max' beste vriend. Josh hield van Nietzsche en Dostojevski, van wie ik nooit meer dan drie bladzijden had gelezen en geen enkele zin had begrepen. Hij wilde een neocommunistische partij oprichten en was een kei in wiskunde. Maandenlang gaf hij me bijles om me integralen en limieten en afgeleiden uit te leggen, maar dat heeft nooit iets opgeleverd.

Na het feest bleven we met z'n allen slapen; in slaapzakken op de door houtwurm aangevreten plankenvloer.

Max had al tijden een oogje op me, maar ik was zo in de ban van Cas dat ik me van zijn bestaan niet eens bewust was.

Die nacht zag Max zijn kans schoon en installeerde hij zijn slaapzak een armlengte van de mijne. Toen alles stil was en iedereen leek te slapen kroop hij dichterbij. Streelde mijn haar. Maar in de doolhof van slaapzakken vergiste hij zich: het was mijn hoofd niet, maar dat van Josh.

De jongens schrokken allebei even hevig, maar ik sliep lekker door.

Mij was het niet eens opgevallen dat Max er was die nacht.

Mijn eerste herinnering aan Max dateert uit de herfst nadat Cas het had uitgemaakt. Ik was net aan het bijkomen op mijn bed van een valium-met-campari-roes, op de tonen van Joy Divisions 'Love Will Tear Us Apart', toen Josh met Max kwam binnenvallen.

'Kom, we gaan een sneeuwwandeling maken!' riepen ze en ze trokken me uit bed.

'Het is november,' protesteerde ik. 'Het is twaalf graden en het regent.'

Even later liepen we met z'n drieën door de straten, door de ingebeelde sneeuw. We hielden een sneeuwballengevecht en al gauw sloeg Max zijn arm om me heen om me te beschermen tegen de ingebeelde kou.

EEN ORANJE PARAPLU

In plaats van college te volgen zwierven Max en ik het volgende halfjaar hand in hand door de kasseistraten van de universiteitsstad. Het regende er altijd. We scholen samen onder mijn knaloranje paraplu. Verzonnen ingewikkelde spelletjes waarvan ik de regels inmiddels ben vergeten. Ik weet wel nog dat mijn lievelingsspel erin bestond de pijlen te volgen die de scouts op de oude stadsmuren hadden gekalkt.

We dronken liters koffie en abdijbier in rokerige cafés. Rookten zware Gitanes, omdat ik hield van de dansende zigeunerin op het pakje.

Soms brachten we de nacht samen door in mijn bed. We hielden altijd elkaars hand vast in onze slaap. Hielden altijd onze kleren aan.

Max was in die dagen de enige persoon bij wie ik me goed voelde. Hij was de enige die me aan het lachen kreeg. Dat was waarom ik hem zo graag zag. Zijn gezelschap vulde me met pure blijheid. Een paar jaar later ontdekte ik in een vuilblauw boekje vol ezelsoren dat ik had opgepikt in een tweedehandsboekwinkel dat dat overeenkwam met Spinoza's definitie van de liefde: 'Liefde is blijheid om het bestaan van de ander.'

Maar toen wist ik niets af van Spinoza, noch van de liefde.

Ik was niet verliefd op Max. Ik bleef denken dat ik bij Cas hoorde. Want Cas had gouden krullen en speelde piano en droeg hippe gestreepte broeken en stijlvolle zwarte giletjes die nog van zijn opa waren geweest. Max had muisbruin haar en deed aan atletiek in plaats van aan muziek en schreef ook geen gedichten. Hij droeg groene parka's en vaak had hij zijn T-shirts en truien binnenstebuiten aan, uit verstrooidheid, zonder dat-ie er erg in had.

Op een ochtend in mei stierf Max z'n goudvis, nadat we een nacht lang zware Gitanes hadden zitten roken in zijn kamer. De vis heette René, naar Descartes.

Max en ik begroeven René plechtig in de met bloeiende magnolia's omringde vijver van de plaatselijke abdij.

'Zweer dat je ook mijn hand nog zal vasthouden als je getrouwd bent,' beval ik hem die middag.

Soms vraag ik me af waar ik het vandaan haalde.

Max huurde samen met Josh een verdieping in een oud herenhuis. De avond na het overlijden van René ging ik er langs. Max was er niet en Josh en ik openden samen een fles portwijn.

Ik zat uren te wachten, en Josh probeerde me ondertussen de basisprincipes van de kwantumfysica uit te leggen, zijn laatste stokpaardje, een verhaal met een kat in een doos die tegelijk dood en niet dood kan zijn.

Max kwam niet opdagen die nacht. Ook Josh begreep niet waar hij was. Ik werd er bedroefd van en belandde uiteindelijk stomdronken met Josh in bed. Het enige wat ik me ervan herinner is dat ik toen ik wakker werd de grote grijze patronen van de gordijnen zag.

Jaren later kwam ik te weten dat Max diezelfde nacht op mij had zitten wachten, op mijn studentenkamer, met de bedoeling me de liefde te verklaren. Na een nacht van kettingroken op mijn bed was hij in de vroege ochtend thuisgekomen. Had mijn knaloranje paraplu zien staan op de overloop. Bij de slaapkamerdeur van Josh.

EEN GEPLUKT ROODBORSTJE

Max nam de eerste trein naar huis en trad in dienst bij het leger. Hij verbrak alle contact met me. Ik wist niet waarom. Hij had het wel tegen Josh gezegd, maar die zou het me om onduidelijke redenen nooit vertellen.

Ik was ontroostbaar. Ik had mijn beste vriend verloren. Nu was ik in dubbele rouw. Om Max en om Cas.

Ik begon weer campari te drinken, en Mandarine Napoléon ook, en stal weer valium van tante Emmie en doolde weer door de straten en stopte helemaal met mijn colleges.

Ik zie hoofdzakelijk wazige, grauwe leegte als ik terugdenk aan die periode. Grauwe straten, grauwe huizen, grauwe mensen, grauwe gedachten, grauwe dromen, grauwe tranen, grauwe eenzaamheid.

'Je ziet eruit als een geplukt roodborstje dat probeert te vliegen in een Zuidpoolstorm,' zei mijn Pakistaanse kruidenier me in die tijd eens.

Ik nam niet deel aan de examens – ik studeerde arabistiek, een richting die ik had gekozen omdat ik het schrift zo mooi vond. Ik wilde eigenlijk gaan schilderen op de kunstacademie, maar concludeerde uit de blikken van Saskia en tante Emmie dat daar iets mis mee was. Ik had onvoldoende zelfvertrouwen om te gaan voor wat ik echt wilde. Of beter, toen wist ik nog niet dat zelfvertrouwen pas groeit door te doen wat je echt wilt doen.

Ik schreef me het volgende studiejaar niet opnieuw in aan de universiteit maar zocht een baantje, en maakte tot grote verontwaardiging van mijn ouders – en meer nog van Saskia en tante Emmie – een jaar lang spaghetti in een homotent, waar ik geobsedeerd raakte door de donkere films van Fassbinder.

Ik trachtte mijn verdriet te vergeten met een andere Cas, een ex die Sas me had doorgeschoven. Deze tweede Cas was mooi en lang en verstandig, en stond me toe hem te schminken en te kleden als een meisje. Als het niet regende had hij de gewoonte mijn matras het balkon op te slepen; om buiten te slapen, onder de sterren, zelfs als het vroor.

In bed was hij lief en geduldig en voorzichtig. Maar ik was nog zo onervaren dat ik er niet veel aan vond. Ik besefte niet wat ik miste.

De tweede Cas wilde sterrenkundige worden, en ik weet dat hij daarin is geslaagd, maar hij slaagde er niet in mij Max en de eerste Cas te doen vergeten.

Daarna volgden twee Paulen. De ene studeerde voor luitenbouwer en speelde zelf ook heel mooi luit. Hij had donkerbruine krullen, grote grijze elfenogen en lange wimpers. Ik leerde hem kennen op de drempel van de homotent waar ik werkte. Ik nodigde hem uit voor een glas campari op mijn kamer.

'Mag ik je haar strelen?' vroeg hij nog dezelfde avond. 'Ik streel graag de haren van mensen die ik graag mag.'

Dat was een mooie toenaderingszin, vond ik, en ik trok hem onder mijn donsdeken. Een paar weken lang kwam hij elke nacht mijn haar strelen, en al snel ook mijn billen. Nachtenlang streelde hij mijn haar en mijn billen met zijn vingertoppen. Verder probeerde hij niet te gaan.

Op een keer kwam hij niet opdagen op onze afspraak. Ook de volgende dagen liet hij niets van zich horen. Niet veel later ontwaarde ik hem ergens in het duister achter in de homotent. Mijn baas had hem van me afgesnoept. Ik had het kunnen weten.

Mijn billen zijn sindsdien altijd supergevoelig gebleven. Ik raad elke vrouw die hier geen ervaring mee heeft aan iemand te zoeken om een paar weken lang elke nacht haar naakte billen te komen strelen.

De andere Paul, een gesjeesde student literatuurwetenschappen, leerde ik kennen in een schaakcafé. Niet dat ik schaak, dat is een te analytische bezigheid voor mij. Ik ging naar het schaakcafé omdat de campari en de portwijn er goedkoper waren dan elders.

Deze Paul had een ernstige gelaatsmisvorming, was misschien de lelijkste jongen die ik ooit heb gezien, maar hij was zacht en teder, en ook wild wanneer het moest en hij beheerste verfijnde lippenspeltechnieken die totaal nieuw voor me waren. Tot in de vroege ochtend dronken we samen port en in bed declameerde hij de mooiste gedichten van over de hele wereld uit z'n hoofd, in de originele taal, of dat nu Frans was of Grieks of Spaans of Italiaans of Russisch.

Later zou hij in de gevangenis belanden. Ik weet niet meer waarom. Ik hoop dat hij nog gelukkig is geworden.

SLID & SUCK EN SUCK & TWIRL EN SLID & TWIRL

Uit diezelfde periode dateert Jack, een uitbundige Amerikaanse student die ik leerde kennen in de bioscoop, tijdens een Fassbinder-retrospectief. Vreemd genoeg, want je zou denken dat hij een actiefilmtype was. Hij zat naast me, in een rood sportjasje en met een blauwe baseballpet, tijdens de eerste film. De dag erop zat-ie er weer, en de dag daarop weer, en toen wist ik dat het geen toeval was.

Die hele week wisselden we geen woord, noch blik, terwijl onze handen op de stoelleuning elkaar net niet raakten.

Tot de laatste filmvertoning. Toen nam-ie mijn hand en streelde mijn dijen en na afloop vroeg hij in gebroken Nederlands of hij met me mee mocht lopen. Ik weet nog dat het een warme lenteavond was, dat ik bloesems rook in de bomen en hagen langs de stoep, en toen we eenmaal op mijn kamer waren zette hij een cassette op die hij in z'n sportjasje had zitten, Iggy Pop, 'Lust for life', keihard, en scheurde mijn jurk stuk.

Twee maanden lang zagen we elkaar en telkens bracht hij een cassette mee van Iggy Pop of van Barry White. Terwijl Barry White 'Let The Music Play' zong en Iggy Pop 'The Passenger', onderrichte Jack me in diverse kusvarianten met namen als *'slid & suck'* en *'suck & twirl'* en *'slid & twirl'* en *'icecream'* en *'snake'* en *'lollypop'* en *'fairy bites'*.

Hij liet me kennismaken met *handjob*-varianten met namen als 'de kurkentrekker' en 'de fruitpers' en 'de waterval' en deed in bed dingen met me die geen enkele Nederlandse jongen leek te kennen.

Hij was mijn eerste minnaar die besneden was. Maar toen was ik te jong om dat detail naar waarde te schatten. Gelukkig zou ik later ontdekken dat minstens de halve wereld besneden is.

Toen Jack terugging naar de States liet hij de cassette met Iggy Pops 'Lust for Life' achter onder mijn hoofdkussen. Ik ben zijn lippen lang blijven missen.

ITHAKA

Misschien hadden Jack, Iggy Pop en Barry White er iets mee te maken, maar na een jaar van spaghetti en Fassbinder en valium dacht ik: nu maak ik ofwel mezelf van kant, ofwel ik verander mijn leven.

Ik herinner me niet meer hoe lang ik heb getwijfeld, maar ik koos voor het laatste.

Ik besloot weer te gaan studeren. Nieuwgrieks dit keer, omdat ik van alle dichters die de lelijke Paul in bed had gedeclameerd het meest had gehouden van de Griekse. Het mooist vond ik een gedicht van Kaváfis, dat 'Ithaka' heette. Het klonk zo mooi, zo licht en melodisch vond ik, in het Grieks, en Paul had me verteld dat het erover ging dat je, als je uitzeilt naar het eiland Ithaka, moet wensen dat de reis lang zal duren en leerzaam en vol avonturen zal zijn. En dat je niet teleurgesteld moet zijn als je na jaren op zee het eiland uiteindelijk bereikt en het niet aan je verwachtingen voldoet. Ithaka gaf je de mooie reis, dankzij Ithaka werd je wijs en ervaren.

Het mooiste stukje uit het gedicht vond ik het zinnetje dat zegt dat je moet hopen dat er talloze zonovergoten zomerochtenden zullen komen waarop je havens binnenvaart die je nooit eerder hebt gezien en waar je allerhande mooie dingen kan kopen, zoals koraal en amber en ivoor en sensuele parfums.

De dag dat ik me weer inschreef op de universiteit besloot ik gelijk opnieuw actie te ondernemen om Cas terug te winnen. Twee jaar nadat hij me de bons had gegeven.

Mijn poging Cas te heroveren slaagde dankzij een groots feest. Ik had mijn huisgenoten in het studentenhuis zover gekregen dat ze allemaal meededen. We nodigden onze vrienden uit, en die brachten ook allemaal weer vrienden mee, en drank en eten en wiet en spacecake, en wij versierden het huis met honderden kaarsjes – volledig onverantwoord, besef ik nu – en gouden slingers en oranje ballonnen, en op elke verdieping waren er deejays en uit België overgekomen Tanzanianen en Rwandezen met djembés.

Ik kon zelf niet koken, behalve spaghetti dan, maar Saskia wel.

'Saskia weet hoe ze mensen moet ontvangen,' zeiden mijn moeder en tante Emmie altijd, en dan wisselden ze veelbetekenende blikken.

Sas etaleerde graag haar kunnen en bracht drie dagen door in de keuken. Ze bereidde een groots Italiaans buffet met zelfgebakken focaccia en bakte de chocoladekoekjes met extra veel eieren en chocola waar Cas zo gek op was.

Ik zei tegen iedereen dat het een verlaat of vervroegd verjaardagsfeest was. Het was september en ik ben in maart jarig. Maar de waarheid was dat ik het feest louter en alleen had georganiseerd om Cas ons huis in te lokken, een idee waarvoor ik de inspiratie haalde uit *The Great Gatsby*, wat niemand ooit heeft geweten.

Ditmaal kwam het door een jointje op de trappen, om twee uur 's nachts, niet door een spinnetje, dat Cas' vingers de mijne weer aanraakten, en niet veel later lieten we het feest en de gasten voor wat ze waren en fietsten we met z'n tweeën naar zijn studentenkamer aan de andere kant van de stad.

Toen ik drie dagen later weer thuiskwam, was het feest nog bezig. Twee Tanzanianen zouden het huis nooit meer verlaten.

In dezelfde periode kreeg ik een brief van Jack uit de States. Of ik geen zin had om mee op de motor een halfjaar door Afrika te trekken, van Ethiopië naar Kaapstad. Maar nu had ik Cas terug, en ik sloeg het aanbod af.

Bij het verhaal over Jack moest Anabel, op haar ligstoel onder een palmboom in Hollywood, altijd nog het meest zuchten. Dan sloeg ze haar ogen ten hemel en mompelde ze wat over gemiste kansen.

Een paar maanden na Jacks aanbod verliet ik Cas. Ik wilde opeens vrij zijn. Ik wist niet precies wat het betekende, vrij zijn, maar ik voelde dat ik mijn eigen weg moest gaan.

HANNAH KARENINA

En toen, in de periode dat ik het aarzelend uitmaakte met Cas, kwam ik Max weer tegen. In hetzelfde universiteitsstadje. Een donkere avond in november, het stormde. Ik baande me een weg over de stoep, onder mijn paraplu, door de wind en de regen. Max kwam van de andere kant, zijn hoofd in de kraag van zijn groene parkajas.

Die jongen lijkt op Max, dacht ik, en voelde me droef. Max zat nog in het leger, voor zover ik wist. Ik had nooit meer iets van hem gehoord.

Max keek op en hield halt. Zijn haren waren druipnat.

'Mag ik erbij?' vroeg hij. Zonder mijn antwoord af te wachten kwam hij schuilen onder mijn paraplu.

Zijn legerdienst was afgelopen en hij zat nu op de landbouwfaculteit. 'Dankzij jou,' grijnsde hij.

In het leger had hij *Anna Karenina* gelezen, omdat Anna hem aan Hannah deed denken. Het personage van Konstantin Levin had hem geïnspireerd om voor landbouwingenieur te gaan studeren.

Ik lachte weer.

Hij haakte zijn arm in de mijne en we liepen samen verder onder mijn paraplu en hij werd opnieuw mijn beste vriend.

Jaren later zou ik zelf *Anna Karenina* lezen.

Allemaal mensen met goede bedoelingen, begreep ik, die er een totale puinhoop van maakten.

TELEGRAMMEN EN SIESTA'S

Max had tijdens zijn legerdienst verkering gekregen met een meisje uit zijn geboortestad. Ik leidde een behoorlijk eenzaam leven, wat de prijs van vrijheid scheen te zijn, nu en dan opgeluisterd door een voorbijdrijvende romance.

In die periode passeerde Alekos mijn bed en mijn leven, een Griekse architect die ik tegenkwam tijdens een zomer op de Cycladen. Wekenlang heeft hij moeten aandringen eer ik een glas sinaasappelsap met hem wilde gaan drinken. Met vreemde mannen praten leek me toen geen goed idee.

Hij had kort zwart haar, een snor en een trotse blik. Hij was twaalf jaar ouder dan ik, had een zeilboot en reed als een gek. Hij woonde in een art-decoappartement in Thessaloniki, met zicht op de haven.

Hij stuurde me telegrammen, de enige telegrammen die ik ooit heb gekregen, en vliegtickets, en leerde me siësta's houden en champagne drinken en oesters eten en diverse bouwstijlen onderscheiden en liet maandelijks bloemen afleveren op mijn studentenkamer.

'*Na min volese*, Hannah,' zei hij vaak. 'Neem niet te gauw genoegen met dingen,' betekent het, maar ook: 'Settel je niet te snel.'

Alekos was mijn eerste man met borsthaar. Massa's krullend borsthaar waarop ik graag mijn hoofd liet rusten en dat hij 'het tapijt der liefde' noemde.

Hij was ook de eerste man die nooit ophield met vrijen voor ik minstens drie orgasmes had gehad. Maar toen was ik twintig en gaf ik daar niet zo om. Ik zag er de zin niet van in, zo drie keer na elkaar. Het had alleen maar met zijn ego te maken, leek me. Ik herinner me dat ik op een keer zei dat hij wel mocht stoppen en hoe hij opkeek van tussen mijn benen en ernstig antwoordde: 'Dat beslis ík toch?'

Alekos was opgegroeid onder het kolonelsregime. Hij had als kind in Athene de tanks zien binnenrollen en misschien hamerde hij er daarom altijd op dat ik mijn verantwoordelijkheid moest nemen jegens de maatschappij. Ik begreep niet wat hij bedoelde.

'Don't play the young girl,' zei hij vaak.

Nu, bijna twee decennia later, voel ik me nog steeds een klein meisje.

Kalapothaki was de naam van de straat waar zijn architectenbureau gelegen was. In zijn stoffige kantoor stond een vleugelpiano, waarop hij Griekse liederen speelde. Mijn ouders waren erg enthousiast over hem en namen ons mee uit eten in een restaurant met een ster, en hij prees mijn vaders antieke deuren.

Hij nodigde me meermaals uit om mee te gaan zeilen op de Egeïsche Zee, maar ik weigerde steeds. Ik vond hem te autoritair en voelde me niet verliefd.

'Hij sprak op autoritaire toon omdat-ie gewend was bevelen te geven op z'n zeilboot,' zeurt Saskia nog steeds. En met een diepe zucht voegt ze er telkens aan toe: 'Wat bezielde je verdomme? Dacht je echt dat je je hele leven Griekse architecten met smaak en stijl en boten zou blijven tegenkomen?'

SLAGROOM EN BLAUWE BESSEN IN CHOCOLA

De zomer erop won ik een beurs voor een intensieve cursus Engels en belandde voor drie maanden aan de universiteit van Chicago.

Twee dagen nadat de cursus begonnen was, kwam ik op een jazz-festival aan Lake Michigan Ari tegen, een deserteur uit het Israëlische leger. Hij was ingenieur en had na zijn studie vijf jaar in dienst gemoeten, zoals iedereen daar.

'Wil je een dagje mee achter op de motor?' stelde hij voor. Ik liet mijn rugzak en mijn spullen in het studentenhuis waar ik logeerde, in de veronderstelling dat ik diezelfde avond terug zou zijn.

Maar ik kwam niet terug. Ik vergat mijn spullen en mijn cursus en toerde drie maanden rond in de Midwest, achter op Ari's 900 cc-motor. Ari leende me zijn oversized jeans en t-shirts, een helm en een blauw windjack. Overdag volgden we de Mississippi, in de zon en in de regen. Ik herinner me de groene eilandjes in de Mississippi, herinner me dat de hemel in de Midwest zoveel weidser was dan elders; de zon geler, de horizon zoveel breder. Soms deden we de voor ons ongekend gigantische Amerikaanse supermarkten aan om snoep te stelen. Blauwe bessen omhuld met chocolade aten we het liefst. We smokkelden onze buit in onze helmen.

'*Just act confident,*' zei Ari steeds, met zijn grenzeloze zelfverzekerdheid en zijn Hebreeuwse accent. '*You can do whatever you want to do and be whoever you want to be if you just act confident.*'

's Avonds luisterden we naar Matti Caspi en Pat Metheny op Ari's draagbare cassetterecorder en dronken we Californische wijn uit drieliterpakken en aten ricotta en brood waarvan hij stukken afsneed met zijn zwarte knipmes uit het leger.

We sliepen in kleine houten motelletjes in vriendelijke, door bossen omringde stadjes. Spoten elkaar vol slagroom, ook gejat uit de supermarkt, en met een ouderwetse Oost-Europese camera met zelfontspanner maakten we foto's van ons beiden, naakt, vol slagroom, languit liggend op een kingsize waterbed. Daarna bestrooiden we elkaar met de bessen en likten we alles van elkaars lijf. We kropen samen onder de douche en maakten de hele badkamer nat en smerig.

Ik had nog nooit zoveel nachten na elkaar met een jongen doorgebracht. Ari had nog nooit zoveel nachten na elkaar met een meisje doorgebracht. Ook al was hij tweeëntwintig, hij was nog onervarener dan ik. We frunnikten erop los. Tot hij niet meer kon van de pijn aan zijn penis en in Minneapolis naar de dokter moest voor een zalfje tegen huidirritatie.

Ari had donkere krullen, een observerende blik en een mooie rechte neus. Hij was lang, rank en gespierd. Hoezeer hij het leger ook haatte, de training had zijn vruchten afgeworpen. Op het moment zelf viel het me niet op; pas toen ik jaren later de foto's bekeek besefte ik dat hij als een perfect gebeitelde kouros was.

Hij was de tweede besneden jongen die ik tegenkwam. Maar we waren allebei te onhandig om het tot echte seks te laten komen. Dus wederom ontging me de gelegenheid de voordelen van dat detail te ontdekken.

Later, toen ik weer thuis was en Ari op een of andere manier Israël binnen was geraakt zonder het leger weer in te moeten, nodigde hij me uit voor een motortrip door Israël.

Maar net als bij Alekos weigerde ik. Ik voelde me weer niet verliefd genoeg.

'Idioot die je bent,' zucht zowel Saskia als Anabel nog steeds.

Maar ik wilde niks met iemand op wie ik niet verliefd was.

Ik heb hem nog eens gegoogeld. Er zijn echter zoveel Ari Goldsteins, het was onbegonnen werk.

Hij vond míj terug. Nog niet zo lang geleden. Ik woonde al een hele tijd in Brussel. Toen hij contact opnam, stond hij op het punt te trouwen. Om twee uur 's nachts belde hij me uit bed. Hij had mijn nummer van mijn ouders, die hij gewoon had opgespoord via de internationale inlichtingendienst.

'Hey, Ari hier!' Ik herkende zijn accent meteen. 'Ik wil je weer eens zien!'

Een week later stond hij op station Brussel-Zuid. Ik ging hem ophalen na mijn werk. Een lauwe, schemerachtige herfstavond. Hij was vermagerd, de spieren van het Israëlische leger waren verdwenen. Hij had nog steeds kort krulhaar. Er zat wat grijs tussen nu. Hij droeg een hippe bril. Hij leek niet meer op een kouros maar op een intellectuele kunstenaar. Van zijn zelfverzekerde houding was echter niets verdwenen.

Hij was meubeldesigner geworden, vertelde hij me in de tram, op weg naar mijn appartement. De eerste bank die hij ontwierp had hij Hånnåh gedoopt. Hij staat op zijn website; een naar mij genoemde bank, een multifunctioneel model.

'Laten we afmaken wat we vijftien jaar geleden begonnen zijn,' beval hij toen we uit de tram stapten. Hij lachte niet. Hij sprak rustig, luid en langzaam. Hij zei het alsof het om eergisteren ging, en om een potje scrabble.

Ik deed of ik het niet had gehoord en zocht in mijn jaszakken naar mijn sleutels. Waar haalt hij in godsnaam het lef vandaan? dacht ik. Ik had helemaal geen behoefte aan seks met halve onbekenden van lang geleden.

Maar de waarheid was dat het voelde als eergisteren.

Terwijl ik voor hem uit de trappen naar mijn appartement op liep raakten zijn vingers de mijne even. Ik keek om en hij hield me met zachte dwang tegen. Hij stapte een trede omhoog en ik daalde er een. De rug van zijn hand streek over mijn wang en zijn vingertoppen streelden mijn haar en even beroerde zijn onderlip mijn bovenlip.

Ik draaide me om en opende de deur. Mijn lippen hadden de zijne herkend. Mijn huid en mijn hart werden opeens helemaal vrolijk. We waren amper de drempel van mijn appartement over of ik duwde hem neer op mijn bank. Ik rukte de kleren van zijn lijf en die van mezelf ook. Hij rook nog steeds naar jongenszweet en naar eindeloze zomernachten. Hij was minder onhandig nu en ik was intussen van besneden penissen gaan houden. Zijn naakte huid smolt weg in de mijne en ik wist niet langer waar ik eindigde of hij begon. Hij had een cd van Pat Metheny meegenomen, en eentje van Matti Caspi, een spuitbus met slagroom en blauwe bessen in chocola.

De volgende ochtend meldde ik me ziek op het werk en gedurende enkele dagen en nachten voltooiden Ari en ik wat we vijftien jaar eerder waren begonnen.

Een paar weken later mailde hij me zijn trouwfoto.

Ik heb de badge van het jazzfestival waar ik Ari leerde kennen nog altijd. Hij ligt op mijn nachttafeltje. REACH FOR THE BEST, staat erop.

RENNEN IN DE REGEN

Mijn ouders drongen erop aan dat ik Frans zou leren, en zo kwam ik in hetzelfde jaar dat ik Ari leerde kennen ook in Parijs terecht. Daar ontmoette ik Pascal, in het Centre Pompidou, voor een knalblauwe Matisse.

Talloze weekends en vakanties bracht ik bij hem door, op de zevenentwintigste verdieping van een flatgebouw in Chinatown, twee metrostations verder dan de Place d'Italie. Met in de verte zicht op de Sacré-Coeur en Montparnasse.

Pascal was Bask. Hij studeerde aan een prestigieuze Parijse hogeschool en is tegenwoordig adviseur van een Franse minister. Hij was aardig, ultra-intelligent, supersociaal.

'In elke situatie moet je je afvragen: wat kan ik hiervan leren en hoe kan ik helpen?' zei hij altijd.

En hij was sexy. Hij was de eerste man die in bed voortdurend tegen me praatte, een gave die ik intussen heb leren waarderen maar die ik toen bizar vond. Nederlandse jongens waren zwijgzamer in bed.

Hij nam me mee uit eten in Parijse restaurants, maar ook om de Franse keuken gaf ik toen niet. Ik was ongelukkig in Parijs, ik wist niet waarom, ik voelde me niet intellectueel genoeg voor Pascal, noch voor Parijs. En op een avond tijdens een onweersbui belde ik wenend naar Josh, of-ie me alsjeblieft wou komen ophalen in Parijs, wat-ie deed, in zijn kleine vuile oude autootje.

Zo werd ik een paar jaar lang overstelpt door telegrammen van Alekos, brieven van Ari en telefoontjes van Pascal. Alle drie kwamen ze me elk semester opzoeken. Af en toe belandde ik ook nog met Cas of een of andere Nederlandse student in bed.

'Je gedraagt je als een puberale nymfomane,' begon Saskia me te verwijten. 'Of misschien heb je ADHD.' Sas had de neiging alles wat buiten haar normen viel als pathologisch te bestempelen.

'Waarom kan je niet gewoon een keuze maken en je eraan houden?' mopperde Josh. Josh dacht altijd dat alles in het leven logisch te begrijpen en rationeel te verklaren is.

Intussen bleven Max en ik elkaar al die jaren dagelijks zien. We kookten en aten samen, meestal twee keer per dag, simpele dingen, zoals spinazie met worst en aardappelen. Bakten pannenkoeken in het holst van de nacht. Dronken samen koffie, zwart, zonder suiker of melk. Gingen naar de bioscoop zo vaak ons budget het toestond. Schuimden concerten af. Gingen samen dansen. Werden samen dronken en rookten te veel. Maakten lange wandelingen in het bos aan de rand van de stad. Gingen samen rennen in de regen, zo hard we konden. Hadden nachtenlange gesprekken. Verzonnen absurde spelletjes, waarvan ik me helaas, met de beste wil ter wereld, de clou niet meer herinner, en lachten samen veel. Verder gebeurde er niets.

Af en toe flitste er wel een vage gedachte door mijn hoofd, in de stijl van 'stel dat...'. Maar ik schonk er geen aandacht aan.

Het was klaar als een klontje: Max was niet vrij. Bovendien was ik niet verliefd op hem. Ik wilde vrij zijn.

BIJ WIJZE VAN AFSCHEID

Zes maanden voor ons afstuderen gingen Max en ik voor het eerst met elkaar naar bed. Na de zomer zou hij trouwen met zijn vriendin.

'Eén keer,' waren we overeengekomen, na lang overleg. 'Bij wijze van afscheid.'

Het leek zo logisch. Zo onschuldig.

We bleven het maar overdoen. Opnieuw en opnieuw.

'Tot de condooms op zijn,' besloten we.

En dan kochten we een nieuwe doos.

'Tot de examens,' zwoeren we plechtig.

En dan: 'Tot aan de proclamatie.'

We deden het in mijn studentenkamer en in de zijne, met op de achtergrond Bruce Springsteen, en David Bowie, en The Bangles. Vooral The Bangles, waarvan Saskia me het singletje 'Eternal Flame' had gegeven. Tientallen keren deden we het in het gras in het bos aan de rand van de stad, iets wat ik sindsdien zelden nog heb gedaan. Een paar keer in een verlaten donkergroene locomotief met houten bankjes, in een ander bos. Eén keer aan de rand van een vijver. Tegen de muur in het steegje naast de hoofdingang van de universiteit. Onder de stoelen in het auditorium waar ik filosofiecolleges had. In de vestiaire van de bibliotheek. Op de stenen trappen op de binnenkoer van een abdij. In hoog gras bij een weide met koeien waar het vergeven was van de muggen, waaraan ik tientallen bulten overhield. In een gracht langs de spoorweg. In een speciaal voor de gelegenheid gehuurde kajuit van de ferryboot tussen Dover en Oostende.

We deden het altijd meerdere keren, iets wat ik nog nooit had meegemaakt, en wat me ook nadien niet zo ontzettend vaak meer is overkomen – zeer tot mijn spijt, want nog steeds vind ik de tweede en de derde keer het leukste.

Ik weet nog dat ik Max destijds had willen vragen een geschenkje voor me te kopen. Iets kleins, een houten kralensnoer uit een speelgoedwinkel of zo. Gewoon om maar een tastbare herinnering aan hem te hebben als alles voorbij was en hij getrouwd zou zijn. Maar uiteindelijk besloot ik het niet te vragen. Ik wilde niet sentimenteel doen.

JONGE HONDJES

Ik herinner me nu een nacht in mei, de warmste meimaand in de geschiedenis van de Nederlandse weerstatistieken, misschien wel de warmste meimaand ooit. Ik studeerde voor mijn laatste tentamens. Repeteerde Griekse woorden met mijn voeten in een emmer koud water. Stormde de stoffige houten trappen van mijn studentenhuis af zodra ik de bel van de ijskar hoorde.

Zelfs 's nachts was het nog warm, en de maan was zo ongewoon geel dat de mensen op straat bleven staan om ernaar te kijken.

Ik was niet dronken die nacht maar had wel een paar abdijbiertjes op. Met Max had ik op het terras gezeten van ons favoriete café. Er speelde een band op het grasveld, vier Brazilianen met gitaren en een viool, en we hadden het over de eerste aardbeien.

Ik droeg een knielang turkoois rokje dat tante Emmie had genaaid en grote koperen oorbellen in de vorm van kikkers. Max droeg een limoengroen hemd, indertijd een gedurfde kleur voor een man, en ik vond dat hij er ongelofelijk knap uitzag.

Die nacht drong hij erop aan me naar huis te brengen. Ik dacht dat het was om te zeggen dat we een punt moesten zetten achter onze ontmoetingen. Ik voelde me droef, de hele weg lang. Maar toen we op mijn studentenkamer aankwamen, gaf hij me een boek cadeau, *Liefde in tijden van cholera* van Gabriel García Márquez. Over een door het lot gedwarsboomde jeugdliefde. Pas als ze een stuk in de zeventig zijn worden de twee geliefden uiteindelijk verenigd. Ze brengen hun laatste jaren vrijend in een scheepshut door. Hangen de choleravlag uit opdat niemand hen zou storen.

'Handleiding voor de liefhebber,' had Max op het titelblad geschreven.

In mijn kamer draaiden we 'Eternal Flame', opnieuw en opnieuw. Vrijden op mijn matras op het rieten tapijt, opnieuw en opnieuw.

'Je ruikt naar jonge hondjes,' fluisterde Max. 'Het is een compliment,' voegde hij eraan toe.

Het was het grappigste compliment dat ik ooit kreeg.

Toen begreep ik opeens dat liefde te maken heeft met tederheid, en met samen veel en onbekommerd lachen.

Ik weet nog dat ik me ongelooflijk gelukkig voelde die nacht. Maar ik kan me het gevoel niet herinneren.

ALS JE UITGELACHEN BENT

'Hoe haal je het in je hoofd!' voer Sas tegen me uit toen ik haar in vertrouwen nam. Zij ging nu met een advocaat die Gerald heette, zestien jaar ouder dan zij, en die een veelbelovende politieke carrière aan het maken was en een dure auto had waarin hij altijd te hard reed.

'Het is een afscheidsritueel.'

'Wat smerig van je!' Ze liep helemaal rood aan.

'Waarom? Ik wil helemaal niet dat hij het uitmaakt met zijn verloofde. Ik wil dat hij gelukkig wordt met haar.'

'En wat smerig van hem! Hij bedriegt zijn verloofde en hij speelt met jouw gevoelens!'

'Hij is trouw aan zijn verloofde en hij is trouw aan mij.'

'Wat heeft die kerel je te bieden?'

'Hij is mijn beste vriend. Hij maakt me aan het lachen. Ik voel me blij als ik bij hem ben.' Ik dacht aan Spinoza, die ik intussen had leren kennen, maar probeerde het haar niet uit te leggen.

'Waar slaat dat nu op? Je zou eens moeten leren je verstand te gebruiken in de liefde!'

'En jij zou eens moeten leren dat je nooit een man mag vertrouwen die een belachelijk dure auto heeft en te hard rijdt. Zeker niet als hij ook nog eens al zijn vrije tijd doorbrengt met spieren kweken in de sportschool.'

'En jij zal er nog wel eens om wenen als je uitgelachen bent.'

BLAUWE PLEKKEN

De nacht na de proclamatie vrijden Max en ik een laatste keer, in zijn flatje, op de oude campus tussen de beuken en de eiken.

De allerlaatste keer, was de afspraak. Ik wilde dat hij gelukkig werd met zijn verloofde.

Ik weet nog hoe zijn vingers de mijne omstrengelden en hoe zijn handen de mijne niet loslieten. Weet nog hoe zijn tanden de mijne raakten en in mijn lippen beten en in mijn tepels, in mijn nek en in mijn schouders en in mijn armen. Hoe ik 'harder' smeekte. Weet nog hoe hij achteraf mijn voorhoofd zoende en aaide. Hoe hij met zijn wijsvinger cirkeltjes draaide in mijn navel. Hoe hij mijn polsen vasthield. Hoe hij mijn lippen streelde met verse aardbeien en ze in mijn mond stak. Hoe veilig en rustig en blij ik me voelde.

Zijn flat rook naar koffie die nacht, zoals altijd, en we vrijden zo wild dat ik de volgende dag overal blauwe plekken had. Ik kreeg graag blauwe plekken van Max. Die verzekerden me dat het allemaal echt was, en gaven me het gevoel dat hij nog bij mij was ook als hij weer weg was. Die laatste keer was de enige keer dat we het zonder condoom deden. Bij wijze van afscheid.

RATIONEEL ZIJN

Een paar weken later wist ik dat ik zwanger was. Ik besloot het kind te houden. Zonder ook maar iemand de identiteit van de vader te onthullen. Ook Max niet.

Het zou een meisje zijn, wist ik. Ik zou haar Daza noemen, naar de heldin uit *Liefde in tijden van cholera*.

Maar op een hete, vochtige julinacht kreeg ik vreselijke krampen. En een onbedaarlijke huilbui ook, die ik niet kon verklaren.

'Ik kan beter rationeel zijn,' besloot ik de volgende ochtend.

Ik consulteerde een dokter. Hij regelde een afspraak bij een abortuskliniek. 'Vertel het Max toch maar,' adviseerde hij.

In plaats van naar huis te rijden maakte ik impulsief een omweg langs de universiteitsstad waar het allemaal gebeurd was. Net toen ik mijn oude straat in reed kwam Max eraan. Hij had op honderd kilometer afstand moeten zitten, bij zijn verloofde.

'Ik had een pauze nodig van de huwelijksvoorbereidingen,' verklaarde hij, al even verbaasd mij daar aan te treffen als ik was geweest hem te zien.

'Ik moet je iets vertellen,' begon ik.

Maar eerst had ik wat wijn nodig.

We gingen samen een fles kopen in de supermarkt.

'Zal je me missen?' vroeg Max toen we bij de kassa stonden.

'Ik weet niet hoe missen voelt,' antwoordde ik.

Dat was de waarheid, toen.

We reden naar het bos net buiten de stad. Wandelden tussen de beuken en de eiken. Vonden een plekje boven op een grasheuvel. Ontkurkten de fles.

'Er is iets…' probeerde ik opnieuw.

'Ik weet niet of ik het wil horen,' zuchtte Max.

Maar hij leek bijna gelukkig toen ik het eindelijk over mijn lippen kreeg. 'Ik dacht dat je ging zeggen dat je iemand anders hebt,' mompelde hij. 'Je mag het houden als je wilt.'

Hij had moeten zeggen: 'Ik wil dat je het houdt.'

'Ik heb al een afspraak gemaakt.'

'Wil je dat ik met je meega?'

'Hoeft niet.' Ik wilde hem niet lastigvallen met dergelijke zaken, zo vlak voor zijn huwelijk.

Toen bedreven we de liefde boven op het grasheuveltje.

Twee weken later toonde een dokter me het foetusje op een scherm. Om vier uur 's middags zoog een lawaaierig toestel het weg.

Tot mijn verbazing begon ik te snikken.

'Nou wel even rationeel zijn,' snauwde de dokter.

Een paar uur later zette de bus me af bij de kerk in de stad van mijn ouders. Ik snikte nog steeds.

HET KOFFIEZETAPPARAAT

Max verliet zijn verloofde twee maanden voor de geplande huwelijksdag. Hij schonk me een koffiezetapparaat met een kaartje erbij: 'Gelieve dit toestel te accepteren als blijk van trouw.'

We voelden ons allebei afschuwelijk rot tegenover zijn ex-verloofde. Via Josh vernamen we dat ze een kalmeringsspuitje van de dokter had moeten krijgen. Max voelde zich zo schuldig dat hij er depressief van werd.

Een paar maanden later maakte ik het in een opwelling uit. Omdat Max in zijn depressie wel eens twijfels had bij zijn beslissingen. Diezelfde avond scheurde hij het titelblad uit *Liefde in tijden van cholera* en ook mijn gele dagboek ging aan flarden.

'Ik wil niet zomaar een figurant zijn in je leven!' riep hij nog. En hij gooide de deur met een knal achter zich dicht.

Toen ik de volgende dag wakker werd, een miezerige ochtend in december, voelde ik me zo droef dat ik amper kon bewegen. Een droefheid die nog jaren zou duren.

Ik had meteen spijt van mijn beslissing. Probeerde Max dezelfde ochtend nog te bellen. Maar Max weigerde elke vorm van contact.

ROMANTISCHE LIEFDE

Max ging niet terug naar zijn ex. Hij emigreerde naar de States. Trouwde met een Amerikaanse. Een zwart meisje dat psychiatrie studeerde. Ze verhuisden naar Manhattan. Ik hoorde het allemaal via Josh, die het tot mijn heimelijk genoegen niet kon vinden met Max' vrouw.

Josh zelf haalde summa cum laude zijn doctoraal in zowel de wiskunde als de informatica. Hij kreeg een vet betaalde baan aangeboden in Genève, waar hij software zou gaan ontwikkelen voor een grote bank. Josh met zijn communistische sympathieën. Hij voelde zich er ongemakkelijk bij.

'Ik doe het echt enkel en alleen vanwege de wiskundige schoonheid van die software,' verontschuldigde hij zich.

Ik wist dat hij de waarheid sprak.

'Ik had wel verwacht dat het tussen jou en Max niet lang ging duren,' mompelde hij op een keer, aan de telefoon. 'Ik geloof niet in je romantiek. Romantische liefde is een verzinsel, uit het collectief onderbewuste ontsproten om existentiële angsten niet te voelen. Een verzinsel, net als God.'

Daar moest ik over nadenken. Maar ik repliceerde alvast: 'Dat is grote dikke nonsens.'

'En in jouw geval is het louter projectie van eigenschappen op een ander die je in jezelf zou moeten ontwikkelen.'

'En jij hebt te veel filosofische boeken gelezen. Die filosofen van je projecteren hun eigen neuroses op hun theorieën.'

'En jij bent gewoon wispelturig.'

Hoe kwam hij erbij? Ik smeet de hoorn op de haak. En begon meteen daarop te grienen. Ik wist zeker dat ik nooit meer iets van hem zou horen. Maar een paar dagen later belde hij alweer alsof er niets gebeurd was. Ik miste hem toen hij naar Genève vertrok.

Saskia zag ik nog zelden. Ze brak haar economiestudie af toen ze zwanger werd. Hun dochter werd Geraldine gedoopt, want dat wilde Gerald zo. Hij schonk Saskia een Porsche als huwelijkscadeau.

'Waarom kan je niet zijn zoals Saskia,' zuchtten mijn moeder en tante Emmie.

De meeste van onze gemeenschappelijke vrienden lieten me vallen na het gebeuren met Max. Ze hadden gelijk, vond ik.

Intussen kreeg ik mijn eerste baan, als copywriter bij een minuscuul bedrijf. Er was geen ander personeel buiten mij en een secretaresse met peroxideblond haar en vervaarlijk lange kunstnagels. De baas was altijd weg. Uit ontbijten of lunchen of pokeren of shoppen met zijn vrouw of met een van zijn minnaressen.

Ik zat helemaal alleen, gegijzeld in een kantoortje met neonlicht. Ik vond het vreselijk. Ik voelde me eenzaam. Bovendien had ik Nieuwgrieks gestudeerd omdat ik van Griekse dichters hield. Niet om reclameteksten te schrijven voor boter en verzekeringen.

Tegelijk kon ik van geluk spreken dat iemand bereid was mij een loon te betalen, zoveel was duidelijk. Ik was rampzalig inefficiënt in die dagen. Ik sliep amper, at slecht, vergat alles. Op goede dagen had ik het gevoel dat mijn hoofd vol watten zat. Op normale dagen was het alsof ik met mijn hoofd tegen een ijzeren muur aan het beuken was geweest.

Ik zat vaak te wenen op mijn kantoortje of op de toiletten. Als het echt te erg werd sloop ik het kantoor uit om rondjes te rijden in de stad. In mijn auto gilde en brulde ik het dan uit van pijn, verdriet en schuldgevoel en sloop dan het kantoor weer in, waar niemand me had gemist.

Van de volgende drie jaar herinner ik me verder weinig. Behalve dat het onafgebroken regende en dat ik voortdurend huilbuien had, alleen onder mijn paraplu in de kasseistraten.

THERAPIE

'Trek het je niet aan,' zei Josh die me probeerde op te beuren vanuit Genève. 'Het zit alleen maar in je hoofd. Liefde bestaat niet
echt. Liefde is een kapitalistische doctrine. Iemand met partner
en kinderen is een bereidwilliger werkkracht dan een vrijgezel.'

Saskia verviel in een postnatale depressie.

'Ik vind het zoveel leuker om te gaan shoppen en te gaan sporten en naar de film te gaan dan om voor Geraldine te zorgen,'
snikte ze. Ze voelde zich er vreselijk schuldig om.

'Maar dat is normaal! Dat vinden alle vrouwen!' probeerde ik.

Het hielp niet. In plaats van te gaan shoppen en sporten en
naar de film te gaan bezocht ze tweemaal per week een psychiater.

Ikzelf begon aan buitensporige slapeloosheid te leiden en mijn
sociale leven bleef beperkt tot mijn telefoongesprekken met Josh
en Saskia.

Uiteindelijk vroeg ik Sas om het nummer van haar psychiater.
Die schreef me slaappillen voor en tranquillizers en antidepres-
siva. Van al die chemische rommel ging ik me na verloop van tijd
slechter en slechter voelen.

Ik veranderde van psychiater. De volgende rookte zware siga-
ren tijdens onze sessies. Ik concludeerde dat hij zelf problemen
had en ging weer weg.

De derde was een klassieke psychoanalyticus die me weigerde
aan te kijken en gedurende de hele sessie met zijn rug naar me
toe zat, wat ik al te belachelijk vond.

De volgende therapeut, met een scherp, asgrauw gezicht en een
spreekkamer die deed denken aan vervallen prefabwoningen uit
de jaren zeventig, zei toen ik snikkend voor hem zat: 'Je jaagt
mannen angst aan met je tranen.'

Ik besloot een vrouwelijke psycholoog te raadplegen die doceerde aan de universiteit. 'Jij bestaat slechts via de mannen die je pad kruisen. Het is tijd dat je wat feministischer wordt.' Dat sloeg nergens op. Ik groeide op met een moeder die me verbood met barbiepoppen te spelen, bikini's te dragen, meisjesboeken te lezen of mijn okselhaar te scheren. Ik had al haar verboden weliswaar in de wind geslagen, maar als er iemand een feministische opvoeding had gehad was ik het wel.

Daarna kwam ik terecht bij een vetzak die een uur op zich liet wachten. 'Wat betekent je depressie voor je?' was zijn openingsvraag. Ik had geen aanleg voor filosofische analyses van mijn verdriet.

Toen vond ik een knappe, jonge psychiater met een exotische naam, die me ontving in een stijlvolle negentiende-eeuwse kamer met een mooi plafond waarop engelen stonden geschilderd met bloemenslingers in hun handen, met eromheen de woorden 'Lecker eten, lecker drinken, lecker slaepen'. Een paar maanden lang zat ik daar zwijgend naar het plafond te staren. Het rook er naar een mengeling van de parfums van cliëntes die daar voor mij waren geweest.

Uiteindelijk verwees de psychiater met de exotische naam me door naar een alternatieve therapeut die soms te gast was in televisieshows. Hij had een verzameling sierplanten in zijn spreekkamer en zag er aanstekelijk energiek uit.

'Wat heb je nodig?' vroeg hij meteen.

Ik haalde mijn schouders op, keek hem verbaasd aan en barstte weer in tranen uit.

Hij eiste dat ik woorden plakte op mijn tranen.

Ik kon het niet. Huilde nog heviger.

Hij werd agressief. 'Formuleer verdomme wat je nodig hebt!'

'Ik weet het niet.'

En ik brulde nog harder.

'Doe beter je best, je weet het verdorie wel!'

'Dat je me in je armen neemt,' antwoordde ik uiteindelijk.

Twee jaar lang nam-ie me drie kwartier per week op geheel kuise wijze in zijn armen. Sommigen zullen het wellicht niet ethisch vinden, maar ik voelde me veilig en rustig in zijn armen, en vol energie als ik weer buitenkwam.

THE AGE OF INNOCENCE

Vanaf zeker moment begon Max me brieven te sturen vanuit New York. Ik weet niet wanneer precies en naar aanleiding waarvan. Het moet ergens in het tweede jaar na onze breuk zijn geweest.

Hij schreef niet echt vaak. Eén of twee keer per seizoen. Ik vond de brieven 's morgens in de brievenbus, scheurde ze op de stoep al open en las ze terwijl ik naar mijn werk wandelde. En barstte steevast in tranen uit.

Een jaar later begon hij meer te schrijven. Hij stuurde de brieven niet langer per post maar per fax, naar mijn werk. Ik haastte me 's morgens om er vóór de secretaresse te zijn. Het waren de laatste handgeschreven brieven en de laatste faxen die ik kreeg. Daarna kwam internet.

In bijna elke brief meldde hij dat hij nooit meer zo uitzinnig gelukkig was geweest als met mij. 'Uitzinnig', dat was het woord dat hij gebruikte. Het woord dat elke keer weer aankwam als een mokerslag. En dan begon hij over koetjes en kalfjes.

Ik hield me stoer en schreef brieven terug over koetjes en kalfjes. Ik beschouwde het om een of andere reden die mij nu niet duidelijk is als mijn plicht om zo licht en luchtig mogelijk te lijken. Maar de waarheid was dat ik telkens als ik een brief van hem kreeg wekenlang overstuur was.

Ik begreep er niets van. Waarom schreef hij dit soort dingen als hij getrouwd was? Waarom was hij getrouwd? Waarom belde hij niet? Waarom kwam hij me niet opzoeken?

Op een dag, drie jaar nadat ik hem voor het laatst had gezien, schreef hij dat hij naar *The Age of Innocence* was geweest, waarin Daniel Day-Lewis zijn echte liefde verzaakt om een societyhuwelijk aan te gaan en jaren later nog 's nachts heimelijk staat te treuren voor het raam van zijn ware liefde.

'Soms stel ik me voor dat ik op een nacht zo voor je raam sta,' waren de woorden waarmee hij zijn brief eindigde.

ACTIE

Toen knapte er iets. De maat was vol. Ik besloot tot actie over te gaan.

'Mag ik langskomen om alles eens uit te praten?' schreef ik hem per luchtpost.

'Je bent meer dan welkom,' faxte hij terug.

Ik zei mijn baan op omdat ik er rekening mee hield dat het wel eens een paar maanden zou kunnen duren eer Max en ik alles uitgepraat hadden. Mijn baas hield een jeremiade. 'Je bent de beste copywriter die ik ooit heb gehad!' loog hij. Hij beloofde me een loonsverhoging, een nieuwe computer en een abonnement op de sauna als ik bleef. Waarom blijft me een raadsel, want ik was de minst productieve copywriter ter wereld. Waarschijnlijk was die hele zaak een dekmantel voor louche praktijken. In elk geval, ik was niet om te kopen. Mijn besluit stond vast.

Ik vertelde mijn therapeut dat ik naar Amerika ging. 'U mag mijn planten hebben, op voorwaarde dat u ze zelf komt halen.'

Op een dag stond-ie voor de deur, en toen belandden we in mijn bed. Mijn eerste seks in meer dan drie jaar, en mijn grootste verovering ooit, aangezien ik hem ooit zelf had horen zeggen tijdens een praatshow op tv dat hij nog eerder zijn pet zou opeten dan dat hij met een cliënte zou slapen. Maar ook een enigszins ontluisterende bedoening: hij kwam klaar voor we uitgekleed waren.

In feite was het opgezet spel van mijn kant. Het was helemaal niet nodig de planten weg te geven, want Saskia had Gerald betrapt met de babysit en zou samen met Geraldine in mijn appartement wonen zolang ik weg was.

Josh wist niet dat ik speciaal naar de States ging om Max te bezoeken. Hij was niet op de hoogte van de brieven, niemand trouwens, en zou mijn onderneming nooit hebben goedgekeurd. Hij dacht dat ik gewoon een paar maanden door de States ging toeren. Vanuit Genève stuurde hij me een lederen notitieboekje waarin ik mijn reisverslag kon bijhouden.

Mijn ouders vertelde ik niets. Ik zag hen sowieso niet vaak. Ze zouden waarschijnlijk niet eens doorhebben dat ik het land uit was.

Ik vroeg een toeristenvisum voor zes maanden aan. De consul was de norste man ter wereld en weigerde me er een te geven omdat ik geen vaste baan had, geen vastgoed bezat en niet getrouwd was, en zodoende werd beschouwd als een potentiële illegale immigrant.

Ik begreep de logica niet, maar ik mocht wel drie maanden blijven zonder visum. Drie maanden leek me een redelijke tijdspanne om Max de gelegenheid te geven zijn huwelijk te annuleren en zijn boeltje te pakken.

Ik verkocht mijn auto om een poosje genoeg cash te hebben, kocht een vliegticket en vertrok. Max zou me komen oppikken van de luchthaven.

CALIFORNIË

MESOPOTAMISCHE KUNST

Max stond er niet.

Ik belde hem vanaf JFK. Hij excuseerde zich, zei dat hij op het laatste moment oponthoud had gehad, en vroeg me hem later die week terug te bellen om iets af te spreken.

Ik schrok. Met een dergelijk scenario had ik geen rekening gehouden. Ik stapte droef en bang in de metro naar Manhattan.

Ik nam mijn intrek in een reusachtige jeugdherberg met slaapzalen voor acht personen in een oud gebouw van bruine baksteen, niet ver van Times Square. Het rook er naar kattenpis en rottend tapijt.

Het bleek niet alleen een jeugdherberg. Er woonden ook veel oude mannetjes en vrouwtjes die slaapzalen deelden omdat ze geen geld hadden om ergens anders te wonen, en junkies en prostituees. Er lagen spuiten op de trappen en gebruikte condooms.

De kamers waren gemengd. Ik was nog maar amper geïnstalleerd toen een Franse rugzaktoerist me probeerde te zoenen in de badkamer. Gelukkig was er ook een tengere, filosofisch aangelegde Finse jongen op de kamer, die me in bescherming nam. Hij droeg een brilletje en een groen legerjack en was altijd op zoek naar cappuccino's en hield overal de deur voor me open.

Wat me vooral opviel in New York waren de eekhoorntjes op de pleinen in het midden van de stad, de geuren in de straten – pizza, Chinese kruiden, wierook, urine, dure parfums –, de roestbruine brandtrappen tegen de bakstenen gebouwen, de damp die opsteeg uit de mangaten, de dealers die zich aan me vastklampten, de dakloze oude vrouwtjes en de kleurrijk uitgedoste personen die onder de strakblauwe lucht het nakende einde van de wereld stonden te verkondigen.

Drie dagen achter elkaar probeerde ik Max op te bellen. Wel vijf keer per dag. Met de telefoon in het hostel, een omslachtig toestel dat werkte op munten van vijfentwintig dollarcent. De Finse jongen stond naast me, hield m'n hand vast en reikte de muntstukken aan.

Pas op dag vier nam Max op. Hij had het onverwacht druk, zei hij. Stelde voor dat we elkaar die zaterdag zouden zien, om elf uur in een koffiebar in de Upper East, niet ver van het Metropolitan Museum.

Een koffiebar waar ze meer dan tien verschillende soorten koffie hadden, zo bleek toen ik om kwart over tien via een blitse draaideur de koffiebar binnenstruikelde.

Ik bestelde een Colombiaanse koffie en een walnotenmuffin en probeerde een brochure te lezen over de tentoonstelling van Mesopotamische kunstschatten in het Metropolitan en daarna een artikel over de oorlog in Kosovo in de krant die iemand had laten liggen, maar raakte de draad steeds kwijt.

Ik was een beetje zenuwachtig maar had nog een te hevige jetlag om het echt te voelen, en was eigenlijk vooral blij dat ik zo ondernemend was geweest en dat we nu eindelijk alles zouden kunnen oplossen.

Om twintig over elf dook Max op in de draaideur. Hij knikte en wuifde van achter het glas.

Ik begon spontaan te lachen, zo blij was ik hem te zien. Tegelijk probeerde ik me in te houden omdat ik niet wist of het wel gepast was om zo te lachen naar een getrouwde ex.

Ik zag hem de draaideur uitwandelen en op me afkomen.

Ik greep met beide handen de leuningen van mijn stoel beet en duwde mezelf een paar centimeter omhoog, klaar om op te springen en hem te begroeten.

Hij was net zo aan het grijnzen als vroeger.

Dacht ik eerst.

Maar toen zag ik dat dat niet het geval was. Hij keek heel ernstig.

Er is iets mis, begreep ik opeens.

Hij stapte langzaam op me af. Staarde naar de grond.

Wat is er dan mis? vroeg ik me af. Waarom lacht-ie niet, waarom aarzelt hij zo?

Ik stond al half overeind om hem te begroeten, één been nog onder de stoel. En toen kwam er een tweede figuur uit de draaideur. Een vrouw. Een grote vrouw. Een mooie vrouw. Een zelfverzekerde vrouw. Een vrouw die niet lachte. Een intelligente vrouw. Een zwarte vrouw. De vrouw van Max.

Ik weet niet meer waarover we het precies hadden. Ik denk over Colombiaanse koffie en walnotenmuffins en Mesopotamische kunst en de oorlog in Kosovo.

Na een uurtje moesten ze weer voort. Zijn vrouw stelde voor dat we die zondag samen zouden brunchen.

'Maar niet te vroeg, want ik weet net dat ik zwanger ben en ik heb last van ochtendmisselijkheid,' voegde ze eraan toe.

'Ik heb morgen al andere plannen,' stamelde ik.

'Bel me nog eens,' zei Max, en we knikten elkaar gedag.

Ik heb hem nog een keer gebeld vanuit de jeugdherberg. Het was moeilijk, zei hij, om de komende weken met z'n tweeën af te spreken want ze moesten op bezoek bij zijn schoonvader, die in een andere staat woonde.

'Maar we kunnen alles uitpraten over de telefoon,' voegde hij eraan toe.

'Oké,' mompelde ik, en ik gooide er nog wat kwartjes in.

Eerst hadden we het over zijn broer en over Josh. Toen over de laatste film met Johnny Depp. De nieuwste cd van Björk.

En toen zei hij: 'Trouwens, ik wilde je nog wat zeggen.'

'Zeg op, daarvoor ben ik gekomen.'

'Ik geloof niet dat je echt zwanger was vier jaar geleden, want waarom zou je per se alleen naar die abortuskliniek hebben willen gaan?'

Ik weet niet meer wat ik heb geantwoord. Ik weet alleen nog dat ik heel erg verdwaasd was, en dat ik toen ik ophing hem veel geluk toewenste en het nog meende ook.

Ik bleef nog een tijdje muntstukken insteken en naar de hoorn staren. Naast me stonden twee jongens met enorme hightech rugzakken en enorme hightech uurwerken, een Japanner en een Italiaan, die een conversatie voerden in gebroken Engels.

Ik weet nog dat de Japanner rosbruin geverfd haar had, en zei: '*I dyed my hair the color of shit.*'

Waarop de Italiaan zei: '*Shit is crap.*'

Waarop de Japanner zei: '*Yes, the color of crap.*'

'Soms zijn mensen gewoon heel erg in de war,' probeerde de Finse jongen me die avond uit te leggen terwijl we samen op de rand van een stapelbed zaten.

Die nacht droomde ik dat Max me een zakje roze bonbons gaf. Toen ik beter keek, zag ik dat het versuikerde foetusjes waren. Het was voor het eerst sinds mijn kindertijd dat ik me een droom herinnerde. Ik werd wakker, badend in het zweet en rillend van de koorts.

De aardige Finse jongen kwam me vier dagen lang kamillethee en kippenbouillon op bed brengen.

NEW YORK – NEW ORLEANS

Ik wilde niet naar huis. Maar ik wilde weg uit New York. Zo ver mogelijk weg. Een blik op de kaart deed me besluiten naar Los Angeles te gaan.

'Ik ken een leuke jeugdherberg daar, de Angels' Inn in Whitman Street in Hollywood,' zei de Finse jongen. 'Whitman, naar

Walt Whitman, de dichter.' Dat gaf de doorslag. Ik noteerde het adres in het boekje dat Josh me had gegeven.

Om geld uit te sparen zou ik de bus nemen. De Finse jongen probeerde het me af te raden. 'Vijfenveertighonderd kilometer, twee dagen en twee nachten onafgebroken rijden. Koop toch een vliegticket.'

'Nee nee, mijn budget is beperkt. En zo zie ik nog eens iets van de States.'

Ik besloot nog een extra omweggetje te maken via Memphis en New Orleans. Memphis omwille van Elvis Presley. New Orleans omwille van Louis Armstrong.

'Een dagje meer of minder onderweg zal ook niet uitmaken,' verzekerde ik de bezorgde Finse jongen.

Op zondagavond tien over negen, twee weken na mijn aankomst op JFK, stapte ik als laatste passagier op een overvolle bus in het Greyhound-station op 8th Avenue.

'Maak je geen zorgen, ik slaap gewoon de hele rit door,' stelde ik de Finse jongen gerust. Hij gaf me een gids voor Los Angeles cadeau. Wuifde me uit met een paniekerig gezicht.

'Ik ben Rose, uw chauffeur voor de komende acht uur. Ik herinner u eraan dat de wetgeving van de staat New York drinken en roken op de bus verbiedt en wens u een aangename rit toe,' ratelde de buschauffeur af via een microfoontje.

We stoven Manhattan uit. Buiten was er al snel niets meer dan leegte en nacht.

Om halftwee 's nachts namen we een korte pauze bij een wegrestaurant in Baltimore, Maryland, net toen ik een beetje in slaap begon te vallen. 'Jullie krijgen twintig minuten om de benen te strekken en wat te eten en te drinken,' gilde Rose ons toe via haar microfoon.

Toen iedereen weer instapte ontdekte Rose dat haar geld gestolen was. Ze smeekte de daders zich bekend te maken. 'Alsjeblieft, geef het me terug, ik ben een alleenstaande moeder met vier kinderen.'

Uiteindelijk moest de politie eraan te pas komen. Het geld dook weer op, de bus reed voort. Met twee passagiers minder en drie uur en vijftien minuten vertraging.

Om vijf voor halfacht 's ochtends arriveerden we in Richmond, Virginia, waar de chauffeur werd afgelost en we dertig minuten kregen om te ontbijten. Ik dronk een kop waterige koffie en at een slap broodje met iets erop wat tandoorikip moest voorstellen en me twee dagen buikpijn en diarree zou bezorgen. Gelukkig was er een toilet achter in de bus.

De bus reed voort en voort. Om drie uur stopten we nog eens, in Marion, Virginia, waar we weer een nieuwe chauffeur kregen en waar ik heb staan braken langs de kant van de weg.

Daarna gingen de lieflijke heuvels van Virginia over in een eindeloze, lugubere verlatenheid van bomen, koeien, kerken. Af en toe passeerden we een reusachtige Jezus of Maria, dreigend uitkijkend over een mistig dorp.

Ik wilde slapen, maar allerhande zonderlingen die in- en uitstapten hielden me wakker. Op fluistertoon vertelden ze me verhalen over zwarte magie en de Bijbel.

Om acht uur 's avonds kregen we weer twintig minuten pauze, in Nashville, Tennessee. Daar plofte een man naast me neer die zichzelf voorstelde als Bobby Kitchen. Bij wijze van introductie stak hij me wat voodookruiden toe.

'Die zijn goed voor je liefdesleven en je seksleven,' hijgde hij met hese stem. 'Je moet ze in je rechterzak bewaren.'

Daarop begon-ie te vertellen over voodoo en horrorfilms, de

hele tijd zwaar hijgend. Ik sloot mijn ogen en deed of ik sliep maar kreeg het almaar benauwder. Toen ik een revolver meende te ontwaren in zijn broekzak was ik te bang om nog te slapen.

Om vijf uur in de ochtend arriveerden we in Memphis, waar Bobby Kitchen gelukkig verdween. Ik was inmiddels te moe en te ziek om het graf van Elvis te bezoeken en besloot meteen door te rijden naar New Orleans.

Ik moest twee uur en veertig minuten wachten op een aansluiting. Ik at een banaan, die ik na drie kwartier weer uitbraakte.

Net voor de bus uit Memphis vertrok stapte er een amishfamilie in met zes kinderen, waarvan de ene helft schreide en de andere helft krijste.

De bus reed door en door, ik bleef wakker, was opeens de enige blanke in de bus, en na Tennessee was er Mississippi, dat ik me herinner als de volstrekte leegte, een onmetelijke goudgele vlakte zover mijn oog reikte, de zon een wonde aan de hemel.

De katoenvelden van Mississippi gingen over in de groene wildernis van Louisiana, en we scheurden langs moerassen en *bayous* en door stoffige dorpjes opgetrokken uit caravans met Franse namen op de brievenbussen.

Op dinsdagavond kwart over zes, precies vierenveertig uur nadat ik uit New York was vertrokken en zesenvijftig uur nadat ik voor het laatst in een bed had gelegen, kwamen we aan in New Orleans.

NEW ORLEANS

Ik was van plan een paar dagen in New Orleans te blijven. Tot ik het busstation uit strompelde en de vochtige hitte voelde en de muggen en kakkerlakken zag.

Ik wilde meteen de bus weer in springen, maar opeens begon het te stortregenen; een hete, tropische regen, zo hard en hevig en dicht dat de bussen niet konden uitrijden.

Ik ging op zoek naar een hotel voor de nacht. Toen ik de straat weer op wandelde stond ik meteen tot over mijn knieën in het water. Het kwam met bakken uit de hemel. Binnen een paar seconden was geen vezel op mijn lijf nog droog. Ik zag geen steek, het neerplenzende water deed pijn op m'n huid.

Ik besloot te doen zoals iedereen, en vlijde me neer op de betonnen vloer van het busstation.

Het bleef de hele nacht snikheet, zelfs om drie uur 's nachts kleefden mijn kleren aan mijn lijf van de hitte, en de muggen, de kakkerlakken, de ratten, de stank, het geraas van de regen en het geroezemoes van de mensen maakten het onmogelijk langer dan een kwartier door te slapen.

Om zeven uur 's ochtends stopte de regen. Ik kwam wankelend overeind en vertrok voor een wandeling, badend door het kniehoge water in de straten, snakkend naar slaap en verkoeling. Ik zag twee mooie, dikke zwarte vrouwen muntstukken werpen in een fontein. Luidkeels riepen ze hun wensen: 'Voor mij een goeie vent!', 'Voor mij een vent met een goeie baan!'.

Toen ze mij zagen wuifden ze en nodigden me uit om samen te gaan ontbijten. Ik had honger; ik had sinds Memphis niets meer gegeten.

Om halfacht 's ochtends voerden de twee schaterende zwarte vrouwen me jambalaya met kip en worst en cajunkruiden op een gietijzeren balkon in de Franse wijk. Ze mixten een rumcocktail voor me waarop een maraskinokers dreef. Op de achtergrond speelde een bigbandorkestje dat nog van de nacht ervoor bezig was.

Na de eerste cocktail gaven ze me een tweede, en een derde, en daarna herinner ik me niets meer, behalve dat ik om halfzes 's avonds wakker werd op een bank onder de *boardwalk*, alles eruit kotste en de reflex had op een tram te springen naar het busstation, waar ik net op tijd was voor de bus van zeven uur naar Los Angeles.

Pas toen de bus vertrokken was, ontdekte ik dat ik mijn rugzak had laten liggen onder de boardwalk.

NEW ORLEANS – LOS ANGELES

In Bâton Rouge kwam een meisje van een jaar of zeventien naast me zitten. Ze was hoogzwanger en had al een rit achter de rug van twintig uur en nog dertig uur te gaan. Ze vertelde me glunderend dat ze haar 'verloofde' ging opzoeken in Seattle, die ze al acht maanden niet meer had gezien.

Voor het eerst slaagde ik erin te slapen in de bus, maar om twintig over twee 's nachts schoot ik wakker in Houston, Texas, waar we van bus moesten veranderen vanwege een technisch mankement.

De hele verdere nacht en de hele dag erop stoven we door Texas. Een rit waarvan ik me niet veel herinner, behalve dat-ie eindeloos leek en dat we meermaals verloren reden in de woestijn omdat het de eerste keer was dat de buschauffeur het traject van

Houston naar El Paso aflegde, en dat ik me soms afvroeg of ik nu droomde of wakker was.

Rond elf uur 's avonds kwam het zwangere meisje wenend terug uit het toilet achter in de bus. Wat volgde was een zoektocht naar een ziekenhuis.

Die nacht bereikten we om halfdrie El Paso, zonder het zwangere meisje en met drie uur vertraging.

In El Paso stapte er een levenslustige man in van over de zeventig, die me vertelde dat hij van vlinders hield en van vissen en kamperen.

'Sla L.A. maar over en rij door naar Big Sur,' raadde hij me aan. Hij vertelde me de wildste verhalen over Big Sur. Op zijn T-shirt stond een wolf en om zijn nek droeg hij een heleboel amuletten, inclusief een konijnenpootje, een wervel, een schelp en een grote onyx.

Ik dacht dat-ie gek was en luisterde maar half, maar noteerde onnadenkend de woorden BIG SUR ergens in het notitieboekje van Josh.

De man zou nooit te weten komen hoezeer hij mijn leven zou beïnvloeden.

Om negen uur 's ochtends kwamen we aan in Lordsburg, New Mexico, waar de man uit- en ene Joe instapte. Joe kwam uit Iowa.

'Hoe is Iowa?' wilde ik weten.

'Iowa is maisvelden, niets dan maisvelden, en wedstrijden watermeloen eten.'

Hij was op weg naar de Grand Canyon, waar hij lsd wilde nemen en ook seks wilde hebben, seks op lsd beneden in de Canyon. Thuis in Iowa organiseerden hij en z'n vrienden uit verveling soms tupperwareparty's op lsd. Ik vond het enge verhalen, en bovendien droeg hij een t-shirt waarop in vette letters SATAN stond, maar hij was aardig en had een vriendelijke stem.

'Je lijkt een beetje afwezig,' zei hij een paar keer. 'Alsof je er niet helemaal bij bent.'

Ik probeerde niet het hem uit te leggen.

Om halfvier 's middags, in Phoenix, Arizona, stapte Joe uit en werd zijn plaats ingenomen door een grijsharige vrouw in een gestippelde meisjesjurk. Ze vertrouwde me toe dat ze op weg was naar L.A. om Johnny Depp te ontmoeten. Buitenaardse wezens hadden haar een tijd geleden ontvoerd en verteld dat hij haar soulmate was.

Dit is een akelig land, begreep ik, en sloot mijn ogen.

BE-FREE

Op zaterdagavond, om tien voor elf – zes dagen, één uur en veertig minuten nadat ik uit New York was vertrokken – arriveerde ik in half comateuze toestand op het Greyhound-station van Downtown Los Angeles.

De reisgids van de Finse jongen was in New Orleans gebleven, samen met mijn rugzak, nog voordat ik hem had kunnen lezen. Toen ik de woorden 'Downtown L.A.' zag, dacht ik: oef. Ik wilde meteen naar buiten stormen en een bed nemen in het eerste het beste hotel. De prijs deed er niet toe. Mijn creditcard en geld hadden niet in mijn rugzak gezeten maar in een buideltje op mijn buik.

Gelukkig was er een dame van het Greyhound-personeel met mensenkennis en veel burgerzin die mij de weg versperde.

'Hé duifje, waar ga jij naartoe?'

Ik legde het haar uit.

'Ik denk echt niet dat jij hier in Downtown om elf uur 's avonds alleen wilt rondlopen. Werkelijk niet. Tenzij je in een crackhotel wilt slapen of in een kartonnen doos bij de daklozen en junkies op Skid Row.'

En ze duwde me in de bus naar Hollywood.

Naast me zat een ongeschoren kerel die zo stonk dat ik mezelf ervan moest weerhouden op te springen en weg te stormen.

'*Are you new in town?*' wilde hij weten.

Hoe zag hij dat? vroeg ik me af.

Hij was zelf net aangekomen uit Vegas. Elk jaar aan het eind van de winter kwam hij naar L.A.

'Ik koop altijd bananen met m'n voedselzegels in plaats van bagels. Zo krijg ik elke keer tien cent terug.'

Maandenlang had hij zo de *dimes* opgespaard. Tot hij genoeg geld had om een busticket naar L.A. te kopen.

'Ik wil weg zijn uit Vegas voor de lente begint, want het wordt daar te warm als je buiten slaapt, snap je?'

Ik knikte. Vroeg me af wat je moest zeggen tegen een dakloze.

Toen toonde hij me z'n teddybeertje. 'Be-Free, zo heet-ie.'

Die naam moet ik onthouden, vond ik, en ik noteerde hem in Josh' boekje.

Ik probeerde mijn neus dicht te houden en staarde uit het raam naar het landschap van L.A., dat bestond uit autosnelwegen, fastfoodrestaurants, benzinestations en *liquor stores*.

Ik wil terug naar New York, dacht ik.

'Je wordt niet vrij geboren, je moet je vrij vechten,' riep hij me nog na toen ik om middernacht op Hollywood Boulevard uit de bus klauterde.

En: 'Als je in L.A. blijft, zorg er dan voor dat je gezond blijft, dat je genoeg slaapt en dat je de Here in je hart houdt!'

FETISHGIRL

Ik keek rond en zag een pruikenwinkel, een winkel met kledij voor stripteaseuses, een marihuanaparafernaliawinkel, een liquor store en een zwerver met een enorm blauw oog en een gezwel op z'n hoofd.

Ik ben niet op de juiste Hollywood Boulevard uitgestapt, dacht ik. Misschien is er elders nog een Hollywood Boulevard, de echte Hollywood Boulevard, een glamoureuzere Hollywood Boulevard.

Maar toen ik het een voorbijganger vroeg, bleek het de enige te zijn. Ik hield een taxi aan. Ik had de kracht niet nog meer dan vijf stappen te lopen.

De taxi zette me af aan de Angels' Inn. Het lag verscholen achter een rijtje palmbomen, tussen de 101 en de 170 in. Erachter zag je de Hollywood Hills liggen

Ik duwde de deur open en wankelde de receptie in. Bladderende verf op de muren en schimmel. Ook binnen hoorde je de auto's over de snelwegen razen. Ik struikelde over een hinkende oude straathond met drie poten.

Boven op de balie zat een mooie vrouw; iets ouder dan ik, voor in de dertig. Haar benen languit gestrekt voor zich. Ze staarde naar een tv die op een gammel rekje tegen de muur stond. Er was een oude aflevering van *Star Trek* bezig.

Ze zag eruit zoals ik mij voorstelde dat Cleopatra eruit had gezien. Een scherpe neus. Steil zwart haar tot over haar schouders. Onyxzwarte, zwaar opgemaakte ogen die van onder haar pony alles in de gaten leken te houden. Een air alsof ze de keizerin van Hollywood was. Ze droeg een zwartleren fetishgirloutfitje: leren rok, leren beha. Hoge zwarte rijglaarzen.

Ik keek wanhopig over mijn schouder of de taxi er nog stond. Hij was weg.

Fetishgirl bewoog haar hoofd en keek me aan. 'Ik heb te veel gegeten vandaag, dat moet de vollemaan geweest zijn,' was het eerste wat ze zei. 'Denk je ook niet?'

Ze zag er niet uit als iemand die het over de maan zou hebben.

'De maan is sterker dan ikzelf,' zuchtte ze. 'Sterker dan ons allemaal.' Ze schudde haar hoofd en concentreerde zich weer op *Star Trek*.

Ik keek nogmaals naar buiten. Of er toevallig niet een andere taxi aan kwam. Maar er kwam geen andere taxi. Er was niemand te bespeuren. Behalve Fetishgirl op de balie en Captain Kirk op het scherm.

'De *Enterprise* is één grote, vliegende gemeenschap,' zei Fetishgirl toen, zonder me aan te kijken. Het was niet duidelijk of ze het tegen mij had of tegen zichzelf. 'Daarom werd *Star Trek* zo populair en daarom hou ik er zo van. Iedereen steunt elkaar, springt er voor elkaar in de bres, helpt elkaar…'

Ik verzamelde moed, onderbrak haar. 'Heb je misschien nog een bed voor één nacht? Eén nacht maar.'

Ze draaide haar hoofd weer en keek op me neer. 'Sorry snoepje, we zitten vol. En je zal moeilijk nog iets kunnen vinden want het is al na middernacht en bovendien is er een belangrijke baseballmatch dit weekend.'

Ik slikte. Zag hoe op het tv-scherm Captain Kirk een blauwe buitenaardse kuste.

Ik wil naar huis, dacht ik. Naar m'n ouders. Naar tante Emmie. Naar Saskia en Josh.

Fetishgirl keek me nu doordringend aan. 'Hé lieverd, je ziet er totaal belabberd uit! Wat voor drugs heb jij genomen?'

Ik bleef slikken.

'Weet je wat, zeg maar niets. Je hoeft het niet uit te leggen. Ik weet hoe dingen kunnen gaan. Er is nog wel een leeg bed in de kamer van het personeel!'

Ze sprong van de balie en sleepte me mee naar buiten.

'Ga eerst maar eens lekker douchen,' zei ze terwijl we buiten in het donker over de parkeerplaats liepen.

Ik voelde me te moe en ellendig voor een douche, en te moe en ellendig om uit te leggen dat ik me er te moe en ellendig voor voelde.

'Later misschien,' mompelde ik.

'Moet je zelf weten, hertje.'

Ze bleef staan bij een motelkamer, diepte een sleutel op uit haar beha, opende de deur en duwde me naar binnen.

'Hier kun je slapen.'

Ze toonde me het onderste bed van een stapelbed. In de kamer stonden er nog vier. Het was eind februari, maar de kamer was verlicht met gouden kerstlichtjes die om al de bedden slingerden.

Naast mijn bed stond een kist met grijswitte bolletjes, waar ik m'n hand door liet gaan.

'Dat zijn gedroogde bessen van een Hawaïaanse plant,' zei Fetishgirl. 'Zelf geplukt op Hawaï om sieraden van te maken. Jobstranen, heten ze.'

'Waar ging het verhaal van Job over?' wist ik nog net uit te brengen, terwijl Fetishgirl me onderstopte. Ik had Bijbelverhalen altijd eng gevonden, had geprobeerd ze te vergeten.

'Jobs verhaal gaat erover dat je moet blijven geloven in de welwillendheid van hogere krachten, ook in tijden van rampspoed,' meende ze. Ze streelde mijn haren. Fluisterde: 'Er zal voor morgenvroeg wel niemand thuiskomen. Iedereen is clubben en ik ga nu strippen. Bikinidansen, niet volledig naakt hoor.'

Toen sprong ze op, knipte het licht uit, en riep nog: 'Ik ben trouwens Anabel!'

Nog voor de deur achter haar dichtviel was ik in diepe slaap.

Die nacht droomde ik dat ik Max voorbij zag drijven op de Mississippi, gezeten op een lotusbloem. Het stortregende. Toen ik beter keek zag ik dat het geen regendruppels waren maar jobstranen. Max weende en zei dat het hem speet en moedigde me aan om Anabel een fetishgirloutfitje te leen te vragen.

PREMA DE HUISHOND EN KAMER 8

Ik had geen idee welke dag het was. Noch of het ochtend was of avond. Ik zag dat de andere bedden beslapen waren, maar er was niemand aanwezig.

De kamer was een rommel van jewelste. Overal kleren en lege tequila- en bierflessen, volle asbakken en pizzadozen met afgekloven korsten. En er was met jobstranen gesmeten leek het wel, want de vloer lag ermee bezaaid.

Er had blijkbaar een feestje plaatsgevonden terwijl ik sliep. Ik ben normaal zo'n lichte slaper dat ik wakker kan worden van mijn eigen hartslag, maar dit keer had ik niets gehoord.

Ik schoof het gerafelde gordijntje open. Het was halfduister buiten. Ik kon niet uitmaken of het nu het ochtendgloren dan wel de avondschemer was. Het enige wat ik wist was dat ik razende honger had.

Ik wilde naar de receptie rennen om iets te eten te vinden. Tot ik mezelf rook, een blik wierp in de spiegel en begreep dat ik eerst moest douchen.

Ik moet hier zo snel mogelijk weg, besloot ik. Ik moest meteen mijn luchtvaartmaatschappij bellen, mijn terugvlucht vervroegen. En als dat niet kon gewoon een nieuw ticket kopen.

Ik bleef me twintig minuten lang inzepen en spoelen. Droogde mijn haren met een handdoek, trok mijn vuile jeans aan en mijn vuile T-shirt, grabbelde in mijn spullen naar mijn creditcard en vliegticket. Ik haalde een keer diep adem, slikte en stapte naar buiten.

Geraas van auto's en de geur van uitlaatgassen overviel me. Ik trippelde de parkeerplaats over, terug naar de receptie. Nu pas zag ik het treurig scheefhangende bordje aan de gevel, met daarop in gloeilampjes, waarvan de helft al stuk: ANGELS' INN INTERNATIONAL MOTEL AND YOUTH HOSTEL.

Boven de gebarsten glazen deur van de receptie hing een reeks gescheurde vlaggetjes. De driepotige hond hinkte jankend achter een paar wietrokende rugzakkers aan. Ik duwde de deur open en sloop naar binnen.

'Welkom in L.A., stad van engelen en razendsnelle veranderingen!' riep Anabel.

Ze zat weer languit en in fetishoutfit op de balie, een ketting van jobstranen om haar hals. Ze was niet slank, maar haar rondingen maakten haar nog mooier. Ze had een simpele uitdagendheid waartegen niets was in te brengen.

'Ik zag het licht aangaan in onze kamer en dacht dat je wel honger zou hebben! Ik heb Mexicaans voor je besteld.'

Ze sprong van de balie en schotelde me een enorme taco voor met gegrilde vis, jalapeñopepers, tomaten, room, kaas, zwarte bonen en een dipsausje dat naar limoen en koriander smaakte. Met haar andere hand schonk ze me een glas tequila in.

Is dit nu m'n ontbijt of m'n avondeten? vroeg ik me af, maar ik was te overrompeld om te weigeren. Nam aan dat het avond was. Welke dag wist ik nog steeds niet.

'Op de oorlog tegen de dictatuur van de magerheid, en op alle deejays in de wereld!' toostte Anabel. Ze hief haar glas en stootte het mijne aan. 'En vertel me nu alles, m'n lieverdje.'

Misschien was het de tequila, of misschien het slaapgebrek, of misschien omdat ik in de afgelopen vier jaar behalve met mijn therapeut en een beetje met de Finse jongen met niemand echt had gepraat, maar ik vertelde haar alles. Het hele verhaal van Max, inclusief de details.

'Wat? Vier jaar treuren om één man?' onderbrak ze me. 'Ik ben christelijk én boeddhistisch en heel ernstig wat betreft het verrichten van de daad, maar alles verandert voortdurend en niets duurt eeuwig, zegt Boeddha, en als je dat niet aanvaardt dan is het afzien.'

Ze schoof me nog een taco door en schonk ook m'n glas nog eens vol.

Toen ik bij de telefoonepisode in New York was aangekomen, riep ze uit: 'Wat een zak! Wat een lafaard!'

Zo had ik het nog niet bekeken.

'Anderzijds, het is wel dankzij hem dat je nu hier bent.'

Alsof dat iets was om enthousiast over te zijn.

'Soms is het goed als je schip tegen de rotsen te pletter vaart. Je kan aanspoelen op een fantastisch eiland. Zoals Sinbad de Zee-man.'

Ze schonk nog wat tequila bij en hief haar glas weer om te klin-ken. Ik probeerde stiekem wat tequila te morsen.

De hond hinkte naar binnen met een kapotte tennisbal in zijn bek. Anabel nam het balletje en aaide het beest over de kop.

'Dit is de huishond van de Angels' Inn. Ze heet Prema, dat is Sanskriet voor liefde.' Ze gooide de bal door de deuropening de parkeerplaats op. Prema hinkte de verkeerde kant op.

'Soms schiet ze in paniek.'

Ze troonde me weer mee naar buiten, de parkeerplaats over.

'Ik heb een bed voor je gereserveerd in kamer 8. Acht is een magisch getal. In de I Ching staat het voor eenheid, vereniging, liefde. Je kan blijkbaar wel wat kosmische hulp gebruiken.'

Die meid is knettergek, dacht ik, maar ik vroeg: 'Wat is de I Ching?'

'Een duizenden jaren oud Chinees orakel.' En zonder pauzeren ging ze verder. 'Ik heb je al ingeboekt voor de hele week. Ik heb een speciale code ingetikt in de computer zodat je korting geniet. De manager merkt er toch niets van, die is te stoned.'

'Ik wil niet de hele week blijven,' onderbrak ik haar. 'Ik vlieg overmorgen terug. Ik ga nu meteen bellen om een vlucht te boeken.'

Maar ze luisterde niet eens.

'Het is vandaag maandag. Je hebt achtenveertig uur geslapen. Maandagavond is het clubavond in de Oasis. Op dinsdag is de Cat Club de place to be. Op woensdag gaan we naar de Kibitz. Donderdag de Ruby. Op vrijdag moet je in de Giant zijn. Op zaterdag is er altijd wel een feestje bij iemand thuis. En 's zondags gaan we naar de Viper Room.'

'Sorry, maar ik ben echt niet in de stemming om te gaan clubben.'

'Maar clubben is goed voor je! Ik heb spirituele ervaringen gehad terwijl ik aan het clubben was in L.A.!'

'Ik ben al jaren niet meer gaan clubben.'

De waarheid was dat ik bijna nooit was gaan clubben. Ik was altijd meer het type van de bruine kroeg geweest.

'Jaren? Zat je opgesloten of zo?' zei ze lachend.

Ik moest opeens denken aan de kasten van tante Emmie. Ik kon ook nog wel een dag wachten met boeken.

Net op dat moment sprong er een kikker voorbij.

'Een kikker hier aan de snelweg!' riep Anabel. 'Het moet een teken zijn.' Ze greep mijn arm en keek me aan. 'Mijn grootmoeder was een Tsjechische sjamaan, mijn grootvader een Mexicaanse sjamaan, mijn vader een baptistische predikant in Texas. Ik kan je verzekeren: als de kikkertotem opduikt in je leven, is dat een teken dat er veranderingen op til zijn.'

STAD VAN ENGELEN

Ik had geen schone kleren. Alles had in mijn rugzak gezeten. Net voor sluitingstijd sleurde Anabel me mee naar een tweedehandswinkeltje, waar ze een bruin minirokje met een bloemetjespatroon voor me uitkoos en een strak zwart topje.

Ik protesteerde. Ik droeg geen minirokjes. Ik wilde een slobberjeans en een t-shirt. Maar Anabel was onvermurwbaar. Daarna maakte ze me op en vertrokken we naar de club.

We stonden twee uur aan te schuiven in de rij maar kwamen de club niet in, iets wat me later nog vaak zou overkomen in L.A. Mooie meisjes die op filmsterren leken en blitse vipkerels mochten steeds voor.

'Hé Anabel, er is een feestje bij Vasco thuis!' riep een jongen met een engelengezicht ons op zeker moment toe.

En zo kwam ik op mijn eerste Hollywoodfeestje terecht.

'Ik heb al uren geen drugs meer genomen,' zuchtte de jongen met het engelengezicht toen we een modern, met palmbomen omringd wit huis in West Hollywood betraden. De deur stond gewoon open.

Er liep zeker zestig man rond. Anabel was meteen verdwenen. Even werd ik bang, maar iedereen leek ontzettend goedgehumeurd en ik werd omhelsd door een massa onbekenden die me behandelden alsof ik een oude vriendin van ze was. Eerst dacht ik dat ze me voor iemand anders hielden, maar dat was blijkbaar niet zo.

Wat later zag ik de jongen met het engelengezicht terug op een leren bank, tussen twee blonde meisjes met siliconenborsten. Ze hielden een lange spiegel op hun knieën, zo lang als de bank. Met daarop over de gehele lengte een kronkelige, centimeters dikke lijn coke.

'Operation Desert Road,' lachte de jongen met het engelengezicht.

Ik ken hem, besefte ik opeens. Uit een televisieserie. Of uit een reclamespotje?

'Het is de derde nacht achtereen dat ik coke doe,' zuchtte het meisje aan zijn rechterhand.

'Zolang je elke dag je vitamines maar neemt kan het geen kwaad,' meende haar vriendin, die eruitzag als een verhongerde straatkat. Ze droeg een zilveren hindoesymbool om haar hals.

'Een heilige mantra voor eeuwige jeugd,' vertrouwde ze me toe. 'Van Fred Segal, de hipste boctiek in de stad.'

Dit moet ik opschrijven, dacht ik. Ik greep mijn schoudertas en rende de kamer uit. Opende lukraak een paar deuren. Belandde in een slaapkamer. Door de rolgordijntjes scheen een caleidoscoop van sterren en stadslichtjes naar binnen.

Ik plofte neer op het bed. Zocht mijn boekje.

'En jij bent zeker een elfje,' hoorde ik.

Toen pas ontdekte ik dat ik niet alleen was. Er zat een jongen op de vloer, met een ouderwetse mechanische typemachine op z'n schoot. Voor in de twintig. Warrig kapsel. Vintage Mickey Mouse-t-shirt. Mickey droeg een astronautenhelm.

SPACED OUT, ontcijferde ik onder Mickey. De originele Disney-boodschap moest anders zijn geweest. Een aantal letters was vervaagd.

'Wat ben je aan het schrijven?' wilde ik weten.

'Goedkope sciencefiction,' zei hij lachend. 'Ik ben schrijver. Maar als alles mogelijk was zou ik liever astronaut zijn. Of achtbanen ontwerpen voor Disneyland.'

Hij had de mooiste lach die ik ooit had gezien.

Ik las de pagina op zijn typemachine. Het ging over een bende liefdesrobotten, de Amandelbloesemmeisjes. Ze luisterden naar namen als Olga Butterfly en Kitty Codeine, woonden in een beroemd hotel voor rocksterren op Sunset Boulevard en waren geprogrammeerd om de liefde te bedrijven als tijgers.

'Je bent sexy,' zei de jongen toen.

Ik hapte naar adem. Vroeg me af wat te antwoorden.

'Je bent verlegen! Dat is ook sexy.' Daarop vertrouwde hij me toe dat z'n vriend Zack Milla Jovovich had gekust op de toiletten van de Viper Room. En dat hijzelf het privénummer had van Tom Waits.

'Op z'n antwoordapparaat staat het geluid van een flipperkast.'

Ik was onder de indruk.

'Je bent zo meisjesachtig,' fluisterde hij. 'Hoe was je als kind?'

'Vooral bang,' legde ik uit. Nadat ik Disneys *Schone Slaapster* had gezien was ik zo bang voor boze feeën en draken dat ik me in het hondenhok verstopte als mijn ouders me mee naar het bos wilden nemen. Bovendien vond ik toen ik vijf was een tijdschrift boven op mijn hamsterkooi, met op de voorpagina een ongekend griezelig wezen.

'De duivel,' wist het kindermeisje.

Het leven zou nooit meer hetzelfde zijn. Op de lagere school dwong ik mezelf altijd iets sneller te lezen en te schrijven: nog één woord, nog één zinnetje, nog één bladzijde erbij – bang dat anders de duivel me zou komen halen.

'Hoe gepast,' vond de jongen, 'dat jij als Disney- en duivelvrezend meisje in Los Angeles bent beland!'

Ik lachte. Zag z'n perfecte profiel.

Hij had iets lichts en iets intens. Iets wilds en iets teders.

'Weet je dat je sexy bent?' vroeg hij. En raakte even mijn heupen aan. 'Sinds wanneer ben je zo sexy?' Hij nam mijn polsen vast. Het voelde goed.

'Ik heet Justin.' Toen begonnen de rolgordijntjes te schudden. De ramen trilden. De vloer rolde als een achtbaan in Disneyland.

Mijn eerste dag in L.A. en ik sterf tijdens een aardbeving, dacht

ik. Dit moet een droom zijn, probeerde ik te geloven. Het koude zweet brak me uit.

Schuilen onder een tafel, had ik ooit ergens gelezen. Maar de
enige tafel in de kamer was gemaakt van glas.

'Wow, dat derde ecstasypilletje komt hard aan,' stamelde Justin.

Ik greep z'n hand. Rende. Sleepte hem achter me aan.

'Ik ben zo high,' zuchtte hij. 'Het is alsof de vloer onder m'n
voeten wegrolt.'

Hij stopte voor een Boeddhabeeld in de hal. Haalde wat wiet
uit z'n broekzak. Offreerde het aan de boeddha. Ik sleurde hem
voort.

Net toen we buiten waren stortte het huis achter ons in. 'Kom-
op, zitten allemaal en een chakrameditatie doen!' beval het coke-
snuivende meisje met de mantra van Fred Segal. 'Hé, Justin!' riep
een ander meisje. 'Wil je samen high worden?'

DE DINGEN ZIJN NOOIT HELEMAAL WAT
ZE LIJKEN

Twee dagen na de aardbeving nam Justin me mee uit. Zijn vriend
Zack kwam ook, met een meisje dat op Milla Jovovich leek. We
aten hamburgers en appeltaart in een *diner* op de hoek van Pico
en Westwood. Zack betaalde want Justin was blut.

Later die nacht dronken we Mexicaans bier op het dak van
Zacks flat in Venice Beach, waar Justin kampeerde op de bank.
We keken toe hoe de zon onderging in de Stille Oceaan. Hawaï
kwam naar ons toe gedreven. Of misschien was het Atlantis.

'De dingen zijn nooit helemaal wat ze lijken,' wist Justin. Toen kuste hij me.

Uiteindelijk belandden we in mijn bed. In kamer 8 van de Angels' Inn. 'Als je wist hoe ik naar je heb verlangd,' fluisterde Justin. 'Je hebt zo'n mooie neus en huid en zulke mooie oren en heupen, je lijkt op een cheeta.'

Nooit eerder complimenteerde iemand me om mijn oren of was ik met een cheeta vergeleken. Nooit eerder leek seks zo erg op wegsmelten.

HET GEZANG DER NACHTEGALEN

De dagen vloeiden in elkaar over. De weken smolten in elkaar weg. Ik dacht helemaal niet meer aan mijn vliegticket. Ik bracht de dagen door met Justin. Aan het zwembad dat verscholen lag achter de bananenbomen en de palmen op de parkeerplaats van de Angels' Inn. Of op het dak bij Zack. De zon scheen altijd. De lucht was altijd blauw. De lucht was van ons en de zon ook. Justin bleef me 'Cheeta' noemen. Hij bleef mijn polsen vasthouden, mijn heupen strelen en mijn huid exploreren met zijn lippen. Ik las over zijn schouder mee als hij over zijn liefdesrobotten aan het schrijven was op zijn oude typemachine. We gingen samen dolfijnen kijken op het strand in Venice en hij reed me in zijn versleten bestelbusje naar Topanga Canyon, waar hij me pelikanen liet zien en condors, en waar hij me op een vroege ochtend na een feest het gezang van nachtegalen leerde herkennen.

's Maandags gingen we clubben in de Oasis. Dinsdags in de

Cat Club. Op woensdag gingen we naar de Kibitz. Op donderdag naar de Ruby. Vrijdag gingen we naar de Giant. Op zaterdag was er altijd wel een feestje bij iemand thuis. En op zondag togen we naar de Viper Room.

Als ze niet moest bikinidansen vergezelde Anabel ons vaak, altijd in haar fetishoutfit. 'Zo zie ik er altijd mooi en vrouwelijk uit, hoef ik m'n hoofd niet te breken over wat ik aan moet en kan ik m'n tijd en geld en energie aan belangrijker zaken besteden,' was haar stelling.

Voor mijn negenentwintigste verjaardag nam Justin me mee naar Disneyland. Hij was zelf pas drieëntwintig. Het was voor het eerst dat ik een jonger vriendje had. Ik voelde me niet ouder. Hij zag me ook niet als iemand die ouder was. Hij zag me als iemand die met een teletijdmachine had gereisd.

Toen de dag begon te naderen dat mijn visumwaiver zou verlopen en ik terug naar Nederland zou moeten, zei Justin lachend: 'Blijf toch gewoon.'

DE YANTRA

Misschien was het de blauwe lucht die het hem deed. Of misschien was het Justins lach.

Ik belde Saskia. Of ze het zag zitten om nog wat langer in m'n flat te blijven wonen.

'Hoe lang nog?'

'Tot Kerstmis of zo.'

'Nou, ik zat er al op te hopen.'

Ik was haar zo dankbaar, ik hield weer evenveel van haar als toen we negen waren en samen *De Apenplaneet* naspeelden.

Ik belde mijn ouders om ze te laten weten dat ik in de States zat en er vrienden had gemaakt en wat langer zou blijven.

'Ik onterf je!' gilde mijn moeder. En toen: 'Wat moet ik tegen tante Emmie zeggen? En je carrière dan? En wat doen die vrienden van je?'

Ik mompelde iets over de 'entertainment business', wat maar een halve leugen was.

'Nou, dan reken ik erop dat je heel ernstig en keihard aan het netwerken gaat,' beval ze. Ze klonk maar half overtuigd.

'Wat is de oorsprong van het woord "Californië"?' was het enige wat mijn vader vroeg.

Om mijn beslissing te vieren besloot ik een neuspiercing te laten zetten. En een tatoeage ook. Op mijn heiligbeen. Ik koos een yantra, een Indisch meditatiesymbool, uit een boek van Anabel. Ik vond het een mooi patroon, in roze en groen. Volgens het boek stond het voor de drie kosmische fasen: begin, midden, einde, en betekende het dat niets eeuwig duurt in het leven en dat elk einde een nieuw begin is.

Twee nachten nadat ik een illegale immigrant was geworden, gedroeg Justin zich plots afstandelijk. Hij verontschuldigde zich. Mompelde: 'Ik kan niet meer dan twee maanden met dezelfde vrouw slapen.'

'Waarom niet?'

'Dan krijg ik van die vreemde fantasieën.'

'Zoals?'

'Zoals vrijen in Vegas met een hoop jonge jongens, terwijl andere jongens toekijken.'

Het deed pijn. Alsof er glassplinters door m'n aders stroomden. Als gemalen scheermesjes in m'n huid.

Achteraf probeerde Anabel me te troosten. 'Relaties en gevoelens duren niet lang in L.A.,' zei ze.

Een paar weken later ontdekte ik dat Anabel gelijk had: gevoelens duren niet lang in L.A. Maar Justins lach is nog altijd de mooiste die ik ooit heb gezien.

KONINGSVLINDERS

Ik bleef tegen verlaagd tarief in de Angels' Inn in Whitman Street wonen en deelde kamer 8 met Anabel. Achter een rijtje palmbomen die vrolijk heen en weer dansten in de bries.

Even schoot ik in paniek, toen ik vaststelde dat ik bijna door mijn geldvoorraad heen was. Anabel spoorde me aan mijn laatste dollars te investeren in een tweedehandsauto.

'Dan kan je de gasten van de Angels' Inn ritjes aanbieden,' zei ze. 'Naar Disneyland en de luchthaven. Daar is altijd vraag naar.'

Ik kocht een gammele goudgroene seventiesbak van een Armeense autoverkoper die beweerde dat-ie Lenny Kravitz' voormalige bodyguard was en een date met me probeerde te versieren.

'Ik zal je Armeens leren,' zei hij met een dubbelzinnig lachje.

'Kopen, kopen,' fluisterde Anabel. 'Welke man zou een vrouw proberen op te lichten die hij probeert te daten?'

Ze had gelijk. De auto reed prima, en bijna elke dag had ik wel klanten voor mijn clandestiene taxibedrijfje.

Verder bracht ik mijn dagen door aan het zwembad, waar Anabel me massagelessen gaf. Want als ze niet aan de receptie werkte en niet aan het strippen was – 'bikinidansen', verbeterde ze me

85

altijd – zette ze haar massagetafel op voor de gasten van de Angels' Inn.

Af en toe kwam er een zwerm koningsvlinders voorbijgevlogen. Ze migreren tussen Oregon en Mexico, stoppen onderweg elke herfst en elke lente op precies dezelfde plekken. Het blijft de biologen een raadsel hoe ze het doen.

Anabel gaf me een framboieskleurige opvouwbare massagetafel cadeau, gemaakt van superlicht ruimtevaartmateriaal.

'Beeld je in dat je voeten zich verlengen tot aan de kern van de aardbol,' leerde ze me. 'En dat je handen zich verlengen tot diep onder de huid van je cliënt. En dat je ballen energie beweegt. Ballen en ballen energie.' Het klonk hypnotiserend, zoals ze het zei. 'En forceer niets. Gebruik concentratie in plaats van kracht. Hou het simpel. Doe het langzaamaan. Haal diep adem. Glimlach. Leun af en toe eens achterover en kijk omhoog, naar de koningsvlinders.'

Ze stopte even. Keek me aan. 'En dat geldt niet alleen voor massage, lieverd, maar voor alles in het leven.'

Ik noteerde het allemaal in Josh' schriftje en leerde het uit m'n hoofd. 'Forceer niets. Hou het simpel. Doe het langzaamaan. Haal diep adem. Glimlach. Leun af en toe eens achterover en kijk omhoog.' Ik herhaalde het achter het stuur van m'n auto, onder de douche, aan de kassa in de supermarkt.

Ik vroeg Anabel naar haar eigen liefdesleven, maar daar weigerde ze over te praten.

'Voor mij is seks een heilig ritueel,' was alles wat ze wilde loslaten. En dan begon ze weer over de koningsvlinders.

DE WITTE PAPEGAAI

Ik doorkruiste L.A. in mijn goudgroene wagen, de zon scheen, de jacaranda's bloeiden, de koningsvlinders vertrokken weer, en op een dag nam Anabel me mee naar een zwembadfeestje van een vriend van haar die filmproducer was. Hij had een villa in de Hollywood Hills. Daar kwam ik Adam tegen.

Adam was mijn type niet. Ik viel op jongens die gedichten konden schrijven en filosofen citeerden. Of, sinds Justin, op tengere jonge jongens met warrig haar en skateboards die naar elektronische muziek luisterden.

Adam was vierendertig. Groot en gespierd. Met lang golvend haar. Hij leek op Jim Morrison. Zong in een metalband. Verdiende de kost als pornoacteur.

Ik had nog nooit een pornoacteur ontmoet. Zelfs nooit porno gekeken.

Om twee uur 's nachts nodigde Adam me uit hem te vergezellen naar Runyon Canyon, wat verderop, bij Mulholland Drive, waar de filmsterren joggen en hun honden uitlaten.

Ik accepteerde zijn aanbod zonder aarzelen. Misschien omdat ik nog nooit in Runyon Canyon was geweest. Misschien omdat ik eenzaam was. Maar vooral omdat ik nieuwsgierig was.

We reden erheen in z'n witte sportwagen. Ik val totáál niet op mannen met flashy auto's.

NO ENTRANCE AFTER 8 PM, stond er op een bordje bij de ingang van de canyon. We klommen erover. Klauterden naar de top: groene bomen, reebokjes en een zicht van driehonderdzestig graden van L.A. Een adembenemende caleidoscoop van stadslichtjes, autosnelwegen en sterren.

Adam was vriendelijk. Positief ingesteld. Maar zo mijn type niet.

Een paar dagen later kwam ik hem toevallig opnieuw tegen op Sunset Boulevard. Hij nodigde me weer uit. Ik nam zijn uitnodiging gretig aan. Misschien omdat de jacaranda's zo feestelijk in bloei stonden. Misschien omdat ik snakte naar gezelschap.

Eerst gingen we mijn favoriete Mexicaanse bier halen in een supermarkt in East Hollywood, waar de droeve, donkere kant van L.A. begint. Waar L.A. soms op een derdewereldstad lijkt. Behalve dat er geen kinderen bedelen op straat. 'Maar 's nachts verkopen tieners hun lichaam hier op straat,' wist Adam.

Bij de ingang van de supermarkt zat een Vietnamveteraan in een rolstoeltje te bedelen. Hij toonde trots z'n grote borsten. Gekocht met z'n veteranenuitkering.

'M'n penis heb ik nog,' vertelde hij ons.

'I won't give you money, bro', but here's some smoke,' zei Adam, en hij gaf de man wat wiet. Aardige kerel, dacht ik.

Daarna reden we naar Adams flatje. In een groot gebouw van donkerbruine baksteen, met brandladders tegen de gevels. In een donkere steeg in East Hollywood, niet ver van Korea Town.

Zijn woonkamer had geen ramen. Aan de muur hing een poster van drie topless meisjes. Ernaast stond een witte kooi met een witte papegaai. Op een tafeltje lag een in leer gebonden bijbel. Toen pas viel me op dat Adam een kruisje droeg.

'Wat deed je voor je naar L.A. kwam?' wilde ik weten.

Hij had in het leger gezeten, legde hij uit. 'Grote vergissing.' Hij schudde z'n hoofd. 'Ik ben pacifist.'

Maar hij was gebleven omwille van zijn maten en de fysieke uitdaging. Vandaar al die spieren, begreep ik. Hij droeg een mouwloos T-shirt en ik zag dat zijn schouders, armen en rug bedekt waren met tatoeages van rozen, hartjes, kruisjes. Helemaal mijn smaak niet. Maar ik kon er mijn ogen niet van afhouden.

Hij vertelde me lange verhalen over hoe hij opgroeide met motors en paarden maar sprak zo snel, met zo'n vreemd accent, dat ik maar de helft verstond. Ik heb zijn accent nooit kunnen thuisbrengen. Hij heeft me gezegd waar hij vandaan kwam, maar ik begreep hem niet.

Minder dan twee Mexicaanse biertjes later hadden we seks op het oranje pluchen tapijt. Adam zag eruit als een halfgod, met zijn gespierde borstkas en buik, zijn lange golvende haren, zijn Jim Morrison-gezicht.

Hij rolde op z'n rug en in één vloeiende beweging kwam ik boven op hem terecht. Hij deed mijn bekken op en neer bewegen. Heen en weer. In cirkels en in achten. Sneller dan ik ooit voor mogelijk had gehouden. Zijn grote stevige handen lagen op mijn heupen en gaven het ritme aan. Hij was teder. Gericht op het geven van plezier.

'Damn,' zei hij een paar maal. En: 'Goodness.'

'Goodness,' herhaalde de witte papegaai.

Ik had vier luidruchtige orgasmes na elkaar. Dat was me nog nooit overkomen, geen vier na elkaar noch dat ik er zo hard bij schreeuwde. Adam leek even verbaasd door de intensiteit van mijn plezier als ik.

'Wat krijgen we nou?' grinnikte hij.

'Ik weet het niet,' lachte ik, 'maar het voelde goed!'

Ik rolde van hem af en vlijde mijn hoofd op zijn borstkas. Op de achtergrond speelde z'n cassetterecorder metalbalads.

'Dat ben ik met m'n band,' zei hij trots.

Ik haat metalbalads.

Ik voelde me boordevol energie en hoopte dat we opnieuw zouden beginnen, maar Adam was uitgeteld.

'Kom, we kruipen onder de lakens,' stelde hij voor.

'Ik slaap beter alleen,' loog ik. De seks was voorbij, ik verstond hem amper en hij hield van metalbalads, dus waarom zou ik blijven?

Hij reed me naar huis.

'Laten we nog eens afspreken om samen te spelen,' fluisterde hij toen ik uit z'n sportwagen klom. Ik weet nog dat de hete, droge Santa Ana waaide en dat ik werd bedolven onder een purperen regen van jacarandabloesems.

'Hoe harder je schreeuwt als je klaarkomt, hoe dieper je het plezier voelt,' onderwees Anabel me de volgende ochtend, toen ik haar alles vertelde. 'Omdat je dieper ademhaalt als je schreeuwt, en hoe dieper je ademhaalt hoe meer je voelt. Ademhaling is de sleutel tot ultieme emancipatie.'

HARD SCHREEUWEN, noteerde ik in het notitieboekje dat ik van Josh had gekregen.

'Denk je dat het een goed idee is meer seks met Adam te hebben?' vroeg ik Anabel.

'Kom, laten we de I Ching raadplegen.' Ze deed een ingewikkelde manoeuvre met een hele hoop twijgjes, die het orakel vormden. De twijgjes raadden meer seks met Adam af. Ik weet niet waarom. Dat is de reden waarom ik nooit meer met Adam geslapen heb. Ook al had ik er nog zo'n zin in. En ook al geloofde ik niet in Anabels orakel.

Adam deed hard zijn best.

'Iets vertelt me dat het geen goed idee is,' zei ik hem eerlijk.

'Als je vrienden van hierboven het adviseren, moet je dat respecteren,' antwoordde hij.

Mijn welopgevoede Europese vrienden hadden altijd gezworen bij Aristoteles en Descartes. Maar Adam, die maar tot zijn dertiende naar school was geweest, had het meteen begrepen. Zonder dat ik iets uitgelegd of benoemd had.

De zomer arriveerde. Zorgeloze, gelukkige dagen. Anabel nam me mee naar geheime feesten in de woestijn op elektronische beats.

Ik was Adam volledig vergeten.

Het was vreselijk warm in Hollywood. Mijn auto raakte voortdurend oververhit. Op een zaterdagnamiddag viel hij stil op Hollywood Boulevard.

Net op dat moment kwam Adam voorbijgereden in z'n witte BMW. Hij gaf me een lift. Vertelde dat hij discolessen nam. Ik wist niet dat discodancing nog bestond. Hij speelde met het idee zijn geluk te gaan beproeven in Vegas.

'Om entertainer te worden in een casino. Of limousinechauffeur.' Hij aarzelde even. Toen vroeg hij: 'Kan je je vrienden van hierboven niet consulteren voor me?'

Thuis raadpleegde ik de I Ching samen met Anabel. Het antwoord was positief. Ik vertelde het Adam via de telefoon. Hij bedankte me. Ik hoop dat hij het geluk heeft gevonden in Vegas. Ik heb hem nooit teruggezien, maar ben nog vaak Runyon Canyon opgeklauterd in het holst van de nacht.

WILD ROSE STATE

Jade was een van de semi-permanente gasten in de Angels' Inn. Elke middag tegen een uur of vier stond hij op de parkeerplaats een bloody mary te drinken, met ontblote torso, een handdoek om zijn lendenen. Ik wist dat hij dan net uit bed kwam.

Hij was groot, vriendelijk en knap. Zijn sluike donkerbruine haren vielen altijd perfect. Zijn ogen waren zacht kaneelbruin. Hij had een nobele uitdrukking op zijn gezicht. Een gracieuze manier van bewegen. Bovendien had hij een mooie altstem. Soms hoorde ik hem Monteverdi zingen als ik langs zijn kamer liep.

Jade was Canadees. Zijn grootouders waren respectievelijk vanuit Sicilië en Kroatië per schip de Atlantische Oceaan overgestoken. Mijn hartslag verdrievoudigde bij de gedachte aan de vurigheid die in dat soort mediterraanse hybride verscholen moest zitten. Hij kleedde zich klassiek en gedroeg zich beschaafd, maar over zijn hele lijf stond 'seks' geschreven.

'Als je het zou proberen dan zou je succes hebben,' beweerde Anabel. Maar ik geloofde haar niet, en bovendien had ik nog nooit iemand doelbewust versierd.

Zes maanden per jaar werkte Jade op een booreiland in Canada. Zijn vingers stonden krom van het harde werk. Hij was zevenentwintig maar had de handen van een zestigjarige. De rest van het jaar werkte hij in L.A. Als escortboy. *'Jade's a gigolo,'* fluisterden de andere jongens uit de Angels' Inn, met een mengeling van spot en ontzag in hun stem. Vooral ontzag.

Soms vergezelde hij oudere dames naar Vegas. Meestal escorteerde hij homo's. Tot zijn vaste clientèle behoorde een lid van de Armeense maffia, een senator die mooie kleren voor hem kocht en een voormalig CIA-lid met een vrouw, een maîtresse en een vriendje.

Hij had geen seks met z'n klanten. 'Maar als we in gezelschap zijn, willen ze verdomme altijd dat ik doe alsof we seks hebben gehad,' zuchtte hij op een keer.

Hij was een aangename en onderhoudende gesprekspartner, maar gebruikte het woord 'verdomme' in zowat elke zin. Dat had ie zeker opgepikt op het booreiland.

Als hij niet werkte vertoefde hij vaak in een bar voor lesbiennes in West Hollywood, met zijn ex-vriendinnetje en haar huidige vriendin. Die lente nodigde hij me meermaals uit om mee te komen, maar ik was te verlegen.

Jade zat aan de coke. Dat had Hans me verteld, zijn kamergenoot, ook een langetermijngast. Hans was een Amsterdamse rapper, met zware gouden kettingen om z'n hals. Hij was in L.A. om een cd op te nemen. Dat beweerde hij tenminste. Ik verdacht hem er-

van een baantje als pornoproducent te ambiëren en Jades coke-
gebruik aan te moedigen. Ik moest hem niet.

Op een nacht zag ik Jade en Hans op de parkeerplaats als twee
verlegen schooljongens vol eerbied staan praten met een super-
opgepepte Aziatische kerel in een knalgele Lamborghini. De
dealer, begreep ik. Ooit van een Indonesisch eiland naar L.A. gekomen omdat hij rockgitarist wilde worden. Z'n carrière begonnen met het verkopen van schoenveters op Venice Beach. Hans
had me dat verteld. Jade was veel discreter.

Jades vader stierf aan een hartaanval toen Jade vijf was. Zijn moeder was zanglerares op het Canadese platteland. Vandaar zijn
zangtalent.

'Ze heeft verdomme de centen bij elkaar geschraapt om mij en
m'n zusjes een degelijke opvoeding te kunnen geven,' vertrouwde Jade me toe op een bloedhete zomernamiddag aan het zwembad. 'Ik zou haar verdomme nooit van m'n leven pijn doen.'

Dat ontroerde me.

Hij was ook erg behulpzaam. Ik zag hem vaak boodschappen
dragen, en vuilnisbakken en reistassen, voor andere gasten van
de Angels' Inn. Ook als niemand keek, behalve ik, glurend van-
achter een muurtje. En ook voor lelijke en dikke meisjes. Heel
ongewoon in L.A.

Ik begon hem meer en meer te mogen.

Op de vierde juli gaf Anabel een groot feest op de parkeerplaats van de Angels' Inn. Jade zag er nog hotter uit dan anders.

'Ik weet zeker dat het zou lukken,' herhaalde Anabel toen ze
me erop betrapte dat ik naar Jade zat te staren, die iets verderop
elegant tegen de muur stond te leunen met een cocktail in zijn
hand. 'Gewoon glimlachen volstaat,' voegde ze eraan toe. 'Mannen denken altijd meteen dat je een oogje op ze hebt als je gewoon maar naar ze lacht.'

Ik besloot mijn grenzen te verleggen en het uit te proberen.

Tot mijn verbazing werkte het onmiddellijk.

'Je bent mooi,' fluisterde Jade met z'n sexy stem, nadat ik een paar keer glimlachend voorbij was geparadeerd. Het was zo makkelijk, ik kon het nauwelijks geloven.

'Wil je mee naar de sterren komen kijken op het dak?' flapte ik eruit. Het was een goddelijke ingeving, die werkte.

Niet veel later lagen we naakt op een deken op het platte dak van de receptie. Hij was efficiënt en precies. Zijn handen, tong en lippen gingen steeds op precies het juiste moment naar precies de juiste plekjes met de juiste zachtheid en de juiste druk. Hij leek op maat gemaakt voor me. Hij paste perfect in me en onze lichamen leken elkaar altijd gekend te hebben.

Het was waarschijnlijk de beste seks die ik ooit heb gehad. Ik weet niet wat zijn geheim was. Heb er geen idee van. Vraag het me nog altijd af.

'Zijn Mars in Maagd staat recht tegenover de jouwe in Vissen,' was Anabels verklaring, waaraan ik geen geloof hechtte. Ze rommelde wat met astrologie in die dagen. Trok de geboortehoroscoop van alle gasten die de Angels' Inn passeerden. Iedereen rommelde wat met astrologie in L.A.

De ganse snikhete julimaand lang dacht ik alleen maar aan seks. Van het moment dat ik m'n ogen opende tot ik in slaap viel. 'Seks' stond in de lucht geschreven en in de palmbomen en in de zon. Mijn hele huid en verstand veranderden in één grote erogene zone.

We deden het elke namiddag opnieuw. Rechtop staand, zittend, ik op mijn rug liggend, hij op zijn rug, ik met mijn rug naar hem, op onze zij, op zijn hondjes. Op de vloer, in zijn bed, in mijn bed, op het dak. Vooral op het dak, met zicht op de 101, de palmbomen, het zwembad en het Hollywoodteken.

We lieten berichtjes voor elkaar achter op het boodschappenbord bij de receptie met plaats en tijdstip voor onze volgende afspraak. Hij nam altijd ruimschoots de tijd voor onze sessies en maakte er nooit veel woorden aan vuil.

De laatste keer dat we het deden was de middag voor Anabels crossdressfeest. Jade kwam niet opdagen die avond. Hij haatte crossdressing. Als kind werd hij door zijn zusjes altijd verkleed als meisje.

Ik nam het hem niet kwalijk. Die nacht belandde ik in bed met een Argentijnse acteur.

Toen verdween Jade voor een week.

'Weer bij de lesbiennes gezeten,' zei hij toen hij boven water kwam. Over onze affaire werd niet meer gesproken. Niets duurt lang in L.A., dat had ik intussen wel begrepen.

Eind augustus vertrouwde hij me toe dat hij in een driehoeksverhouding verzeild was geraakt. Met het vriendinnetje van zijn ex en een vriendin van haar.

Midden september verdween hij weer voor vijf dagen. Hij zag er bleek en overstuur uit toen hij opnieuw opdook. 'Ik heb verdomme de donkere kant van L.A. gezien,' spuwde hij eruit. 'En ik vind er niets aan!'

Hij liet vallen dat hij het weekend had doorgebracht in een crackhotel in Downtown. Hij weigerde details te geven, hoezeer ik ook aandrong.

Op een maandagavond in oktober kwam ik hem tegen op de parkeerplaats. Hij had een bange, verwilderde blik in zijn ogen. Zo had ik hem nooit gezien.

'Verdomme te veel coke gedaan met die verdomde vriendin van m'n ex,' mompelde hij. 'Ik moet wegwezen hier. Ik wil niet helemaal fucked up worden.'

Hij gooide zijn spullen in zijn deftige, flesgroene familiewagen. ALBERTA, WILD ROSE STATE, stond er op de nummerplaat. Dat klonk zo mooi, vond ik altijd.

Iets later scheurde hij met gierende banden de parkeerplaats af. Uit zijn *soundsystem* galmde een madrigaal van Monteverdi.

Een paar maanden later kwam Jade weer opdagen op een feest-je van Anabel. Hij zag er belabberd uit.

'Ben L.A. nooit uit geraakt. Intussen verdomme non-stop coke gedaan met die verdomde vriendin van m'n ex.'

Maar hij was nog steeds even knap en even aardig. En ik was minder verlegen. Ik legde een wijsvinger op z'n lippen, ging op m'n tenen staan om hoog genoeg te reiken, aaide mijn wang over de zijne en fluisterde in zijn oor: 'Ik denk wat we dringend naar het dak moeten om te zien of de sterren er nog staan.'

Ik leidde hem regelrecht de trappen op. We waren allebei naakt voor we boven geraakten. Het was kouder nu, boven op het dak, maar seks met Jade voelde nog even magisch als in de zomer.

Toen ik iets na middernacht weer beneden op het feestje was benaderde Hans me, de Nederlandse rapper. Hij woonde nog al-tijd in de Angels' Inn.

'Ik geef je duizend dollar als je een triootje doet met Jade en Anabel, en mij in het geheim laat kijken,' riep hij in het Neder-lands. Gelukkig kon verder niemand het verstaan.

Ik was stomverbaasd. Iets dergelijks was me nog nooit aange-boden. Hans gaf me een hete, smachtende blik. Ik zond hem een hete blik terug.

'Oké,' glimlachte ik. 'Rendez-vous in kamer 23. Dat is de meest luxueuze kamer die er is hier. Ik zal de sleutel stelen van Anabel en de deur voor je open laten staan. Wacht in de badkamer.'

'Ik wist het wel! Je bent een verrukkelijke meid,' zuchtte Hans.

'Laat de badkamerdeur open en het licht uit. Ik zorg ervoor dat ik Anabel en Jade meebreng. Ik verklap niets. Je kan vanuit de badkamer toekijken. Om drie uur vannacht.'

'Ik schrijf meteen een voorschot voor je uit,' grijnsde Hans en hij haalde een gouden pen en een chequeboekje tevoorschijn.

Ik nam de cheque van vijfhonderd dollar aan en danste er zwaaiend mee weg.

Ik zocht Anabel en Jade in de dansende menigte, sleurde hen mee naar buiten, vertelde hen alles, en we trokken proestend met z'n drieën de stad in om verder te feesten. De hele nacht trokken we van club naar club, en ik lachte naar iedereen naar wie ik wilde lachen en omhelsde iedereen die ik wilde omhelzen en zoende iedereen die ik wilde zoenen.

's Ochtends kochten we bananen, muffins en een fles champagne in een supermarkt en gingen we naar Runyon Canyon om te ontbijten. Daar scheurde ik de cheque in stukjes die ik liet wegwaaien in de wind, over de heuvels.

Kamer 23 was een leegstaande kamer met een verrot dak, vol oude rommel, spinnen, schimmel, hagedissen en stinkdieren. Ik had Hans nooit gemogen.

Toen we om elf uur thuiskwamen, zat Hans me met een woeste blik op te wachten op de parkeerplaats. 'Die cheque heb ik ingetrokken!' beet hij me toe. Ik wuifde naar hem. Hij vertrok met z'n hele hebben en houden en we hebben hem nooit meer teruggezien.

Jade trok in in de kamer van Hans. Een paar weken lang bleef hij nuchter en hielp hij Anabel en mij de muren van de Angels' Inn opnieuw te verven. Toen stapte hij weer in zijn wagen. 'Naar Alberta,' zei hij.

We hebben nooit meer iets van Jade gehoord. Ik hoop dat hij Alberta bereikt heeft en dat alles goed met hem is.

DE TANGOBROEK

Cesar was ook een semi-permanente gast in de Angels' Inn. Ik kende hem al een tijdje, maar we werden pas close op Anabels *slags & drags party*. Een ongewoon warme en lange zomernacht, zelfs voor Californische begrippen.

Anabel organiseerde vaak feestjes op het dak van de Angels' Inn. Voor ik naar L.A. kwam had ik nog nooit gehoord van slags en drags, sletten en travestieten, maar ik had me wel altijd graag verkleed. Ik doste me uit in een metallic blauw namaaksatijnen negligeetje van de vlooienmarkt op Melrose. Daaronder knie-hoge, van Anabel geleende laarzen.

Cesar was niet verkleed die avond. Hij droeg een klassiek wit hemd, waarvan de bovenste knoopjes openstonden, en een bruine tangobroek met witte streepjes. Zijn gebruikelijke outfit. Dat was alles wat hij uit Argentinië had meegebracht. Vrij met me, dacht ik, telkens als ik die tangobroek zag.

In Buenos Aires was hij acteur geweest in een succesvolle soapserie. Er waren veel Argentijnen die zomer, en allemaal kenden ze Cesar van televisie. Maar Cesar gaf niets om beroemdheid. Zijn passie was het theater. Hij wilde toneelacteur worden in New York. Hij was eerst in L.A. neergestreken omdat hij nog aan zijn Engels moest werken. In L.A. was het klimaat aangenamer en het leven was er goedkoper dan in New York. Hij was zonder geld in L.A. gearriveerd. Het was crisis in Argentinië. Zijn soapgeld had hij aan zijn ouders gegeven.

Hij droeg een bandje van rood garen rond zijn enkel. Een af-scheidscadeau van zijn moeder, om hem te beschermen tegen ja-loezie.

Cesar was vierentwintig maar zag er ouder uit. Heel mannelijk en volwassen. Hij was niet echt mooi. Had iets hoekigs en asymmetrisch. Toch trok hij overal waar hij voorbijkwam de aandacht. Hij had een buitengewoon expressief gezicht. Felblauwe ogen. Een intense blik. Vastberaden kin. Grote haviksneus. Immens charisma.

Hij herinnert mensen aan passie, dacht ik altijd als ik hem observeerde, en aan innerlijke kracht.

Hij werkte als bordenwasser in een Argentijns steakhouse op Melrose Avenue, illegaal. 'Het is niet makkelijk. Ik weet wat honger is,' vertrouwde hij me ooit toe toen we aan het zwembad zaten. 'Maar ik weet ook wat mijn lotsbestemming is.'

Zijn vastberadenheid bezorgde me kippenvel.

Die nacht op het dak werden er stijlvolle keramieken designerschoteltjes doorgegeven met allerhande pillen en gigantische lijnen coke.

Anabel gebruikte zelf nooit iets, las elke dag de Bijbel maar had altijd drugs in huis. 'Dat hoort erbij, als je een goede gastvrouw wilt zijn,' beweerde ze.

Cesar hield het bij Anabels beruchte Space Shuttle.

'Wat zit er in een Space Shuttle?' vroeg een jongen met een platinablonde pruik en een groot decolleté.

'Butterscotch Schnapps, Grand Marnier, wodka, slagroom en vijgen,' ratelde Anabel af.

'Klinkt goed met vicodin,' riepen twee jongens met Heidivlechtjes.

Vicodin, een uitsluitend op recept verkrijgbare pijnstiller, was de laatste rage om high te worden.

Ik bleef nuchter. Danste op de elektronische tunes die Anabel draaide. Observeerde de beheerste manier waarop Cesar danste. Ingetogen passie, dacht ik weer. Zijn lichaam was tanig en compact. Het lichaam van een danser.

Tegen middernacht had hij genoeg van Anabels cocktail gedronken om zich door mij te laten overhalen mee naar mijn kamer te gaan om zich te verkleden. We gingen door mijn kleer-kast. Kozen een strak zwart jurkje en een pluizig wit jasje, ook van de vlooienmarkt. Alles paste hem perfect.

Ik besloot intussen het negligé en Anabels laarzen ook uit te trekken. Was mijn stijl toch niet. Ik wisselde ze voor Cesars tango-broek. Die zat zo comfortabel dat ik voortaan als mannelijke tan-godanser door het leven besloot te gaan.

Toen gingen we terug naar het feest. De andere gasten namen massa's foto's van ons.

Tegen drie uur werd ik moe. Ontsnapte naar mijn kamer. Kroop mijn bed in. Ik was al half in slaap toen de deur openging. Ik ver-onderstelde dat het Anabel was. Draaide me nog eens om. Pro-beerde verder te slapen.

Een paar minuten later stapte er iemand in mijn bed. Het was Cesar. Helemaal bloot.

Ik was gecharmeerd door zijn lef en vastberadenheid. Maar de seks viel tegen. Hij was veel te wild. Veel te snel. Misschien omdat hij zo jong was. Of misschien door Anabels Space Shut-tle.

Halverwege had ik er genoeg van. Ik draaide me om en pro-beerde in slaap te vallen. Hij rende naar de badkamer om over te geven. Daarna viel hij in slaap, zijn armen om me heen.

De volgende ochtend moest ik er vroeg uit om gasten naar Dis-neyland te rijden. Ik vond de bruine restanten van Anabels Space Shuttle in het bad.

Ik dacht de hele dag na over de afgelopen nacht. De seks was waardeloos geweest. Niet voor herhaling vatbaar, besloot ik.

Toen ik die avond thuiskwam zat Cesar op de trappen van de patio, tussen de bananenplanten. Ik had me voorgenomen hem meteen duidelijk te maken dat ik verder niet in hem geïnteres-seerd was.

Hij was in gedachten verzonken. Leek in een toestand van diepe reflectie. Hief langzaam zijn hoofd toen hij me zag aankomen. Keek me recht in de ogen. Schudde zijn hoofd in stilte, een ernstige uitdrukking op zijn gezicht.

Ik vroeg me af wat er ging komen.

Mijn oog viel weer op zijn wilskrachtige kin. De helderblauwe ogen. De passionele blik. Het half openstaande hemd. De gestreepte tangobroek.

Toen zei hij langzaam, met een zwaar Spaans accent en op gewichtige toon: 'That was one crazy night. Very crazy.'

Ik lachte. Vergat wat ik hem had willen zeggen. Die nacht liet ik hem weer in mijn bed.

DE ZEEMEERMIN

Cesar sloop altijd onuitgenodigd en onaangekondigd mijn bed in. Zei nooit op voorhand dat hij zou komen. Ik hield zowel van de spanning als van zijn lef. We hadden altijd seks in stilte. Bespraken nooit de voorwaarden van onze affaire. Niemand uit onze gemeenschappelijke vriendenkring wist ervan, zelfs Anabel niet. De geheimhouding maakte het allemaal nog opwindender.

Op feestjes hadden we vriendelijke conversaties over Tsjechov en Chopin. Het leken bizarre gespreksonderwerpen, onder de palmbomen, tussen de 101 en de Hollywood Hills, met elektronische muziek op de achtergrond, omringd door mensen die high waren op een waaier van drugs.

Op een keer hoorde ik een Amerikaanse jongen opscheppen dat hij met Cesar had geslapen. En een Nederlandse toeriste ook.

Eerst deed het pijn. Ik herinner me dat ik wenend courgettesoep maakte voor mezelf en Anabel, die van niets wist, en dat mijn tranen in de soep vielen en dat Anabel aan tafel klaagde dat de soep te zout was.

Maar op een of andere manier begreep ik al snel dat ik het niet persoonlijk op moest vatten – een van de belangrijkste dingen die ik ooit heb begrepen – en begon zelf sporadisch ook met andere jongens te slapen. Ik prees mezelf om de voouitgang die ik maakte en om de elegantie waarmee ik sentimentele projecties leerde te mijden.

Op een van Anabels verkleedfeestjes op het dak was ik verkleed als kat, compleet met een lange zwarte staart en fluwelen oren die ik had gekocht op Fairfax Avenue.

Die avond probeerde een blond meisje verkleed als zeemeermin me te versieren. Ze droeg geen topje, had kleine mooie borstjes en een lange staart van lichtblauwe glitterstof. Ze was iets te blond naar mijn smaak maar ik hield van haar huid. Telkens als ze me aanraakte, al was het maar oppervlakkig, al waren het maar de donshaartjes op mijn arm, had ik het gevoel dat er een groot, zacht wit konijn over mijn huid kroop.

Dezelfde avond dook er een Braziliaan op met een praliné-kleurige huid, een kaalgeschoren hoofd en een onweerstaanbare lach. Hij keek me zwijgend aan vanaf een stoel bij de dansvloer. Hij zag er rustig uit, en sterk. Hij was niet verkleed. wow, stond er op zijn T-shirt. Als hij een dier was geweest was hij een wild paard, dacht ik toen ik hem zag.

Cesar was verkleed als Apollo die nacht, met een jasmijn-kransje om zijn hoofd. 'Let's go to the bed,' fluisterde hij me toe op de dansvloer. Hij maakte excessief gebruik van het bepaald lidwoord, zoals Spaanstaligen dat plegen te doen. Het was de enige keer dat hij het me voorstelde. Al de andere keren was hij gewoon in bed komen liggen.

Ik bleef dansen op de housemuziek en hoorde Cesar in mijn

oor fluisteren en voelde de zeemeermin over mijn arm strelen en zag de lachende Braziliaan op zijn stoel naar me kijken en wist niet wie ik moest kiezen.

Uiteindelijk sloop ik weg met de Braziliaan. Omwille van zijn lach. En uit nieuwsgierigheid: ik had nog nooit geslapen met een jongen met zo'n donkere huid.

Ik wilde hem meenemen naar mijn bed, maar herinnerde me Cesar en uiteindelijk reden we Mulholland Drive op en bedreven de liefde in Runyon Canyon, in het gras, met boven ons de sterren en beneden ons de stadslichtjes. En daarna op een bankje helemaal op de top van de Canyon, met een nog weidser uitzicht.

Ik sprak geen Portugees en de Braziliaan sprak maar één zinnetje Engels: *'Do you want me to fuck you?'*

Iedere keer als hij dat zinnetje herhaalde gingen alle donshaartjes op mijn huid recht overeind staan en iedere keer weer ging mijn hart sneller kloppen.

Hij bedreef de liefde zoals hij er op het eerste gezicht had uitgezien: zwijgend, rustig, met een onweerstaanbare lach en met de kracht van een wild paard.

'Say it again,' fluisterde ik in z'n oor. En dan fluisterde hij terug: *'Do you want me to fuck you?'*

Twintig was hij, en net uit het leger. Zijn penis stond een beetje scheef. Hij bleek een zeldzame expert in g-spotorgasmes, waarvan ik sindsdien weet dat het geen mythe is.

Toen ik 's ochtends mijn slaapkamer binnensloop kwam de zeemeermin net naar buiten gewandeld in haar slipje. Haar zeemeerminnenstaart hield ze onder haar arm. Ze kuste me op de lippen en mompelde: 'Wanneer je maar wilt, schatje, wanneer je er klaar voor bent.' En ze paradeerde wuivend weg.

Ik vond Cesars jasmijnkrans op mijn hoofdkussen. Hijzelf was er niet meer, maar mijn bed was nog warm.

HONOR FRIENDSHIP, REMEMBER LOVE

Cesar bleef die hele zomer en herfst van tijd tot tijd opduiken in mijn bed en ik begon zelf ook onuitgenodigd bij hem in bed te kruipen. Ik bleef houden van zijn tangobroek en van zijn koppige trots. En de seks was intussen zo goed geworden, en onze lichamen waren zo op elkaar afgestemd, dat het voelde alsof we levenslang tangopartners waren geweest. Mijn huid begon te stralen en mijn mondhoeken begonnen te krullen zodra ik hem ontwaarde.

Wat me het meest raakte in hem, was de vastberadenheid waarmee hij zijn dromen najoeg. Ik zal nooit vergeten hoe ik hem op een warme herfstavond tegenkwam in de groezelige keuken van de Angels' Inn. Hij was pasta aan het eten, met een saus van ketchup en melk. Daarop leefde hij, om geld uit te sparen.

Hij vertelde me dat hij een treinticket naar New York had gekocht, de volgende stap in zijn voornemen om theateracteur te worden. En toen sprak hij de woorden die me altijd zijn bijgebleven: 'Ik ben altijd trouw gebleven aan wat ik als mijn lotsbestemming beschouw.'

Ik barstte in tranen uit. Misschien omdat hij ging vertrekken. Misschien om de keren dat ik zelf niet trouw was geweest aan mijn lotsbestemming. Of misschien omdat ik niet wist wat mijn lotsbestemming was.

Net op dat moment viel Anabel met een groepje vrienden de keuken binnen. Niemand was op de hoogte van onze affaire.

Cesar negeerde hen. Stond op. Nam me in zijn armen. Hield me stevig vast. Zonder een woord te zeggen. Niemand heeft me ooit zo stevig vastgehouden als hij toen.

Anabel en onze vrienden keken stomverbaasd. Vertrokken weer.

De nacht voor hij vertrok kwam hij een laatste keer m'n bed

in geslopen in kamer 8. Anabel was er niet, die was bikinidansen. We kwamen samen klaar, net toen de laatste nocturne van Chopin op mijn stereo afliep.

'Perfecte timing,' fluisterde Cesar.

Dat waren de enige woorden die hij ooit sprak in bed.

De volgende avond reed ik hem in mijn oude bak naar Union Station, dat eruitziet als een Spaanse missiepost en misschien wel het mooiste treinstation is ter wereld. Het was warm, Indian summer, en ik herinner me dat het leek of er een laag stofgoud over de stad hing.

Anabel reed ook mee, en nog een Argentijnse vriend, die Cesar handschoenen cadeau deed voor in het koude New York. Anabel, die fortuinen verdiende met haar bikinidansen, gaf hem een jas van schapenvel. Ik gaf hem een verhalenbundel van Tsjechov en wat cassettes van Chopin, voor op z'n ouderwetse walkman. Een cd-speler had hij niet. Mp3-spelers bestonden nog niet.

We waren te vroeg. Wachtten in stilte, in de lederen fauteuils van de art-decohal. Aten vettige cheddarchips. Er arriveerden nog meer vrienden om hem uit te wuiven.

Cesar en ik ontsnapten even naar de patio. Rookten een sigaretje tussen de palmbomen. Hij was in diepe gedachten verzonken. Keek heel ernstig. Schudde zijn hoofd, net zoals hij had gedaan tussen de bananenplanten na onze eerste nacht samen.

'*I like you,*' zei hij toen. '*Because I see love in your eyes. Love for the life, love for the people.*'

Para la vida, para la gente. Overbodig lidwoord. Hij bleef dezelfde fout maken. Het was het enige compliment dat hij me ooit gaf.

'*That was one crazy relationship,*' voegde hij eraan toe. '*Very crazy.*'

'*A crazy relationship,*' corrigeerde ik hem.

We gingen weer naar binnen. Ik werd overspoeld door een golf van tederheid, maar toonde het niet. Het was altijd een onuitgesproken regel geweest tussen ons geen genegenheid te tonen in het openbaar.

Net op dat moment begon hij mijn haar te strelen. Met dezelfde concentratie en intensiteit waarmee hij alles deed.

Onze vrienden hielden zich discreet op afstand.

Cesar stapte op de trein zonder om te kijken.

De volgende dag voelde ik me droeviger dan ik had verwacht. Ik reed naar Fred Segal in Santa Monica. Ik had geen geld om iets te kopen, maar dacht dat de mooie kleuren en stoffen van de wintercollectie me misschien zouden opmonteren.

Ik parkeerde mijn auto op de parkeerplaats en ging naar binnen via de achteringang. Voor het eerst zag ik de woorden die er in de drempel staan gebeiteld: HONOR FRIENDSHIP en REMEMBER LOVE.

SPRAAKTECHNOLOGIE

In mei had ik mijn terugvlucht verzet naar begin december. Maar ergens in oktober liet Anabel vallen: 'Wat zou je nu in godsnaam toch in Nederland gaan doen met de kerst?'

We zaten samen languit op de balie een muffin en een zelfgemixte mojito te nuttigen als ontbijt. Droegen allebei een minijurk en teenslippers. Ik keek uit het raam van de receptie en zag de knalgele zon en het turkooizen zwembad en de groene heuvels en de palmbomen en de bananenbomen en de koningsvlinders en het Hollywoodteken en allemaal lachende mensen in kleurrijke t-shirts en Prema de huishond, waaraan ik me intussen was gaan hechten.

Ik kocht een telefoonkaart en belde naar Sas.

'Voor mij moet je niet terugkomen, je appartementje bevalt me best. Ik heb intussen iets met Erik, weet je wel, mijn tennisleraar.'

Ik belde naar huis. Mijn moeder nam op.

'Eindelijk hoor ik je weer eens! Waarom bel je niet vaker?'

'Ik probeer het regelmatig, maar je neemt niet op en het antwoordapparaat staat nooit aan.'

'Dan moet je het vaker proberen. Waarom mis je me niet?'

'Mam, ik zal er niet zijn met de kerst dit jaar.'

'Dat is helemaal niet lief van je. Waarom kan ik geen normale dochter hebben?'

'Een regelrechte schande is het,' hoorde ik tante Emmie op de achtergrond roepen. 'Foei, foei, foei!'

'Trouwens, hoe zit dat met je visum?' vroeg mijn moeder in een helder moment.

'Maak je maar geen zorgen.'

'Hoe is het weer ginder?' onderbrak mijn vader haar. 'En weet je nu al waar het woord "Californië" vandaan komt?'

Uiteindelijk gaf mijn moeder me nog het telefoonnummer van een zakenrelatie van haar in Anaheim, die iets belangrijks deed in de spraaktechnologiebusiness en die me misschien aan officieel werk en een *green card* kon helpen.

Met de resterende minuten belde ik Josh in Genève, om dag te zeggen. Hij had een Zwitserse vriendin nu, vertelde hij. Het was de eerste keer dat ik hem openlijk over een vriendin hoorde spreken.

'Niet dat ik verliefd ben of zo.' Hij begon zich meteen te verdedigen. 'Maar wat ik heb begrepen intussen, is dat liefde niets te maken heeft met verliefd zijn. Liefde is geen emotie. Liefde is een besluit. Een keuze je door dik en dun in te zetten voor je relatie en voor het geluk van je partner.'

'Hm, ja Josh.'

'Je moet daar niet mee spotten, Hannah.' Hij klonk angstaanjagend ernstig. En toen voegde hij er nog aan toe: 'Max' vrouw is bevallen van een zoontje.'

'Leuk,' zei ik.

Fuck Max, dacht ik, de zak, de lafaard.

IJSJES

Ik wilde helemaal geen werk. Laat staan werk in de spraaktechnologiebusiness. Maar om mijn moeder te plezieren, belde ik haar kennis in Anaheim. De man nodigde me uit voor een dinertje.

'Zowat alle Nederlanders uit de regio zullen er zijn. Ontzettend gezellig ga je het vinden.'

Een paar dagen later, op de 101 op weg naar Anaheim, hoorde ik plots een harde knal. Even dacht ik dat de motor was ontploft en dat mijn auto nu definitief stuk was. Maar het was gewoon een klapband.

Een vriendelijke Argentijnse jongen stopte bij me op de pechstrook. Hielp me met het reservewiel. Hij heette Jorge. 'Je kan hiermee alleen niet tot Anaheim en terug,' waarschuwde hij. 'Je kan beter terugrijden naar Hollywood. Als je wilt, rij ik wel achter je aan om zeker te zijn dat alles goed gaat.'

Zo kwam het dat ik met Jorge verzeild raakte op een feestje in Hollywood, in plaats van bij een etentje in Anaheim met Nederlandse expats.

Ik leerde Sasha kennen op de dansvloer. Een vriend van Jorge. Hij zag er ernstig uit. Mager. Zwart golvend haar tot in zijn nek. Zwarte bakkebaarden. Een grote neus. Dikke lippen. Donkere ogen. Sexy, op een ongewone manier.

De muziek stond zo hard dat we dicht tegen elkaar aan moesten staan om de ander te kunnen verstaan. Ik had de indruk dat hij iets dichter bij me stond dan nodig was. En dat hij me meer aanraakte dan nodig was.

Maar ik wist het niet zeker. En hij was veel te jong.

Uitgesloten, zei ik tegen mezelf. Maar ik schoof nog wat dichter tegen hem aan en begon hem ook meer aan te raken dan noodzakelijk en zorgde ervoor dat hij mijn adem kon voelen.

Op een of andere manier belandden we later die nacht in kamer 8. Luisterden naar Airs *Premiers Symptômes*. Dronken Californische cabernet, gezeten op de lege melkkratjes die Anabel en ik gebruikten als stoeltjes.

Sasha bestudeerde een foto aan de muur, waarop ik bij het zwembad stond in een handgeverfde paarse sarong. In mei had ik die sarong uitgeleend aan een Engelsman voor een crossdressparty. Had de Engelsman nooit meer teruggezien en de sarong ook niet.

'Die sarong hangt boven mijn bed,' beweerde Sasha opeens.

Zijn vriend Jorge, een drummer, had hem gevonden, in een bar in Hollywood, en had hem aan Sasha gegeven voor in zijn flatje. Sasha had vijf maanden onder mijn favoriete sarong geslapen, voor we elkaar ontmoetten.

Hoe groot was de kans op een dergelijk toeval? vroeg ik me af.

Ik zei niets. Staarde naar zijn volle lippen.

Sasha was in L.A. sinds januari. Maar was al jaren van plan geweest te verhuizen naar de stad van Jim Morrison, zijn held. Hij wachtte alleen nog op een teken.

'Ik wist dat ik een teken zou krijgen als het moment daar was,' verklaarde hij met vreemde, ernstige overtuiging.

Hij kreeg het teken in december. Op een vroege ochtend in Buenos Aires. Hij kwam terug van een feest. Het had geregend. Hij zag een dubbele regenboog in de verte. Een vliegtuig vloog er recht doorheen. Verticaal naar boven. Naar de zon.

'Ik wist dat dat het teken was. Overal zijn tekens om je de weg te wijzen. Maar soms komen ze in merkwaardige, onverwachte vormen.'

Hij haalde Jorge over mee te gaan. 'Niet realistisch,' had die eerst geprotesteerd. Ze hadden geen geld.

'Soms is het beter niet te realistisch te zijn en de rede te wantrouwen,' had Sasha geantwoord. 'We moeten doen wat we écht willen, daar gaat het om in het leven.'

Jorge verkocht zijn drumstel om hun vliegtickets te betalen.

Ik bleef Sasha zwijgend aanstaren. Ving een glimp op van zijn tongpiercing. Ik rilde. Air zong '*Le soleil est près de moi*'.

Twee dagen later klopte Sasha op de deur van kamer 8. Zijn skateboard onder de arm. Twee ijsjes in zijn vrije hand.

'Speciaal voor jou gestolen.'

Niemand had ooit ijsjes voor me gestolen.

'*I've seen your loneliness,*' zei hij toen. '*I've seen your beauty.*' Toen kuste hij me.

Het was de eerste keer dat ik werd gekust door iemand met een tongpiercing. Het voelde goed. De ijsjes smolten op het tapijt.

Mijn moeders spraaktechnologiecontact heb ik nooit meer teruggebeld.

DO YOU KNOW THAT YOU ARE FREE?

Begin december reden Sasha en ik samen naar de Grand Canyon. We kwamen net voor zonsondergang aan. Wandelden de koude nacht in.

Hij stopte aan het einde van een stenen pad. Pal onder hem doemde de met sneeuw bedekte Grand Canyon op. Oranje en rood. De decembermaan was felgeel. De hemel zwart met roze.

We waren de enige bezoekers die nacht. Geen spoor van leven rondom ons, alleen coyotes. En een kampvuur, ver weg, beneden in de canyon. De sneeuw dempte alle geluiden.

'*Do you know that you are free?*' vroeg Sasha.

Hij zag er nog ernstiger uit dan gewoonlijk.

'*Do you know that you are free?*' Hij verhief zijn stem.

Ik knikte, maar was niet zeker.

En waarom vroeg hij dat?

'*Do you know that you are free?!*' Hij riep het nu.

We reden terug naar Fort William. Rondom ons niets dan woestijn, stof en sneeuw.

'Doe de lichten uit,' beval Sasha.

'Ben je gek,' protesteerde ik.

Hij draaide de koplampen uit. Ik reed verder in het licht van de vollemaan.

'Vertrouwen,' zei hij. 'Het is een kwestie van vertrouwen. Om ten volle te leven moet je vertrouwen hebben en risico's durven nemen.'

Later die nacht, in El Rancho Motel, hadden we seks. De televisie stond aan en Nat King Cole zong over geroosterde kastanjes, maretak en rendieren.

Ik voelde Sasha's tongpiercing. Maar hij penetreerde me niet. Zijn erectie verdween telkens wanneer hij dat probeerde. De schuld van zijn ex-vriendinnetje – telkens als hij eerder klaarkwam dan zij, dreigde ze zelfmoord te plegen. Een enkele keer was ze zo ver gegaan dat ze met een mes haar polsen opensneed terwijl zijn sperma nog niet eens was opgedroogd.

Hoe fucked up kunnen mensen worden, vroeg ik me af.

Het vreemdste was dat hij haar nog terug wilde. Thalia, zo heette ze, zoals de muze van de komedie.

Zij was nog in Argentinië. Sasha wilde eerst een hoop geld verdienen in Los Angeles, daarmee een grote jeep kopen en haar dan overhalen om ook over te vliegen. *Sheep*, zei hij altijd, in plaats van jeep, met zijn Argentijnse accent.

Soms deed het me pijn als hij het over haar had. Ik wou dat hij met dezelfde passie en intensiteit van mij hield.

'Probeer nog eens zonder condoom,' beval ik. 'Misschien lukt het dan.'

Die discussie hadden we al gehad.

'Seks zonder condoom mag niet. Als je genoeg van jezelf hield, zou je zo'n onverantwoord risico niet nemen. Je moet leren meer van jezelf te houden.'

Ik vroeg me af of hij gelijk had.

De eerste keer dat Sasha met iemand sliep, was drie jaar eerder. Dat deed me het leeftijdsverschil tussen ons beseffen. Maar ik had altijd het gevoel dat Sasha ouder was dan ik.

'Misschien ben je oud geboren en word je nu geleidelijk aan jonger,' opperde hij.

Dat leek me heel plausibel.

Ik speelde met zijn gepiercete tepels. Ik zal nooit meer wennen aan een man zonder tepelpiercings, dacht ik vaak; vanaf nu wil ik alleen nog mannen met tepelpiercings. En ook met tongpiercings.

De dag erop reden we naar Vegas. Het was voor ons allebei de eerste keer dat we er waren. De palmbomen waren versierd met kerstlichtjes.

Anabel had gezegd dat de sterren goed stonden om te gokken. In een mum van tijd verloren Sasha en ik allebei vijftig dollar. We besloten te stoppen.

We wandelden langs de hotels op de Strip en gingen overal binnen. Ik voelde me net Alice in Wonderland. Sasha liet mijn hand geen moment los. Hij zag er zo sexy uit met zijn zwarte bakkebaarden en zijn groene legerjasje dat hij voor drie dollar had bemachtigd in een tweedehandswinkeltje op La Brea. Hij droeg een halssnoer van zonnebloemzaadjes, gekocht in het zuiden van Argentinië, tijdens zijn laatste schoolreisje.

'Het beschermt tegen negatieve energie van slechte mensen,' beweerde hij.

'Wat voor iemand was je op de middelbare school?' wilde ik weten.

'Een buitenbeentje. Maar ik voelde me er oké bij,' voegde hij eraan toe. 'Het is oké om anders te zijn.'

Zelf vond ik het altijd maar een eenzame bedoening.

'Zeg eens iets in het Nederlands,' beval hij mij in het Venetian Hotel.

Ik citeerde flarden uit een gedicht van Hans Lodeizen. Uit mijn hoofd geleerd toen ik achttien was.

'hoe liefelijk is de russische dame
en luister naar wat zij zegt:

ik ben maar een gewone dame
geen dame van het russische hof

ik heb lang aan slapeloosheid geleden
maar gelukkig is dat nu voorbij

mijn geliefkoosde voedsel is slakken
mijn geliefkoosde man een matroos

's nachts kijk ik graag naar de sterren
en gelukkig gaan we nog dood

als de wereld –'

'Het is belangrijk om elke dag aan de dood te denken,' onderbrak hij me, toen ik het voor hem vertaalde. 'Om goed voorbereid te zijn als het zover is.'

'Ben je boeddhist misschien?' vroeg ik.

Soms leek het wel of iedereen in L.A. boeddhist was.

'Ik ben skateboarder,' antwoordde hij.

Sasha was uit Buenos Aires gekomen met twee T-shirts, een jeans, zijn skateboard en honderd dollar. Hij had amper gehoord van boeddhisme, maar leek geboren met een wijsheid waarvan ik telkens weer versteld stond.

We keken naar de gondels op de namaakgrachten.

Hij kuste me. Iedereen keek naar ons. Ik vond het zalig.

'Ik wil je laten stralen,' fluisterde hij. 'Ik zie je graag stralen.'

Dat had nog nooit iemand tegen me gezegd.

Later die nacht, in Motel Paraiso, leerde hij me de Spaanse woorden voor de diverse delen van het lichaam.

TELETUBBIES

Eind december ging ik met Sasha naar een geheim oudejaarsfeest dat drie dagen duurde, in de Chocolate Mountains, ergens ver weg in de woestijn. We kregen knuffels van onbekenden. Roosterden marshmallows in een kampvuur.

's Middags bedreven we de liefde in de canyon. We droegen allebei Calvin Klein-ondergoed. Ik zag de blauwe lucht. De heldere witte zon. Het diamanten zand. De rode rotsen. Bloed op mijn huid. Op zijn huid. Zijn gepiercete tepels.

Wat een mooi Calvin Klein-spotje zou dit zijn, dacht ik.

Op oudejaarsavond werden we high. De wolken veranderden in reusachtige Teletubbies. We liepen verloren in een caleidoscoop van kleuren en vormen. Staarden naar de sterrenbrokken aan de hemel. Naar de videobeelden op de rotsen. Een schattige deejay met een grasgroen hoedje speelde perfecte beats.

Sasha hield een kaars vast.

'*I'm the prisoner of the candle*,' mompelde hij.

'*The prisoner of the condom*,' verstond ik. Ik kon niet ophouden met lachen.

Toen kuste hij me. Een kus als een bloem.

Kuste me opnieuw.

'Wow, ik zag de zon in je tong,' fluisterde hij verbaasd.

Daarop begon hij sorry te zeggen. Hij wist niet waarom.

Ik bleef lachen.

Op nieuwjaarsochtend maakte hij het uit. In onze tent in de canyon. Ik wist dat het niet zou blijven duren. Toch deed het pijn. Als een mes in mijn maag. Glassplinters door mijn aders.

Ik ontsnapte naar Ojai. Ging in een yurt wonen, een ronde Mongoolse tent van houten latten met een kegelvormig dak, tussen de mandarijnenbomen, met zicht op de besneeuwde bergtoppen. Mandarijntjes waren Sasha's lievelingsfruit, herinnerde ik me na een paar dagen. Rijdend door de vochtige groene vallei zag ik de ene regenboog na de andere. Dacht aan Sasha's verhaal. Net op dat moment verscheen er een dubbele regenboog. 's Nachts was de hele melkweg zichtbaar en hoorde ik coyotes huilen.

Ik miste L.A. Eind februari verhuisde ik terug.

Op een grijze vrijdagochtend in maart liep ik Sasha tegen het lijf in Franklin Street. Hij sprong van zijn skateboard.

'Ik heb een jeep gekocht!' riep hij. Hij sprak het nog altijd verkeerd uit. 'En Thalia komt in april!'

Ik glimlachte. Het deed geen pijn meer. Hij zag er nu gewoon uit als een magere jonge jongen, eentje van de zovelen.

En toch, zelfs nu nog, zoveel jaar later, als ik me wat depri en verloren voel, denk ik soms aan Sasha. Aan hoe hij op het randje van de canyon stond en riep: '*Do you know that you are free?!*' En dan denk ik: misschien is dat wel het belangrijkste wat iemand ooit tegen me heeft gezegd.

TEKENS

Anabel en ik deelden nog steeds kamer 8 tegen verlaagd tarief. De palmbomen bleven vrolijk heen en weer gaan in de wind.

In onze ingebouwde kleerkast logeerde een Aziatisch meisje dat altijd een blonde pruik droeg. Ze was blut en mocht op een matras in onze inloopkast slapen. De andere hostelbewoners noemden haar Bird Girl, omdat ze haar benen op vogelpootjes vonden lijken. Niemand wist wat haar echte naam was, noch waarvoor ze in L.A. was.

In de kamer tegenover de onze woonde een gepensioneerde B-filmacteur die aan diabetes leed. Hij doste zich graag uit als vrouw en had een schildpad die Ava heette. 's Ochtends zat hij meestal op een bankje de mussen te voeren, met Ava op zijn schoot en Prema de huishond aan zijn voeten. Overdag struinde hij de grasvelden van L.A. af, op zoek naar klavertjesvier. Tot mijn verbazing kwam hij elke avond met handenvol thuis. Hij decoreerde er geschilderde circuspaardjes mee, die hij verkocht aan bekende acteurs en actrices. Onder meer aan George Clooney.

In die dagen ging Anabel vaak deejayen op Sunset Boulevard, in een hotelbar uit de jaren dertig waar de muren bedekt waren met ingelijste gesigneerde zwart-witfoto's van oude Hollywoodsterren. De stoelen en barkrukken waren er bekleed met verschoten flessengroen fluweel. Er viel gedempt geel licht uit de lelievormige matglaslampen.

Op een zachte avond in februari, rond Valentijnsdag, liet een Franse goochelaar daar een sigaret verdwijnen van tussen mijn vingers en weer opduiken achter zijn eigen oor. Vervolgens las hij ongevraagd mijn hand: 'Ik zie een grote liefde. Van lang geleden. Je probeert hem te vergeten. Maar hij zal altijd blijven opduiken.' Hij sprak met een zwaar accent.

Ik bevrijdde mijn hand uit zijn greep. Hij zei nog: 'Je bent erg trouw van aard, maar in de praktijk ervaar je vele obstakels.'

Ik liep weg zonder gedag te zeggen en staarde nog vol ongeloof naar de lijnen in mijn handpalm, toen Ben verscheen.

'Heb je even tijd voor me?' opende hij de conversatie.

Hij had kort blond haar, lichtbruine ogen en een leuke lach. Was een beetje groter dan ik, maar niet veel. Hij had iets puurs en iets stoers. Hij droeg een knalgroen hemd dat los over zijn wijde kakibroek viel. Het groen van limoenen. Ik moest aan Max denken.

Ben kwam uit Nieuw-Zeeland. Hij hield van surfen en van

acrobatiek. Hij was net aangekomen in L.A. en zou drie maanden blijven om research te doen voor zijn doctoraatsthesis over de mysterieuze migraties van de koningsvlinders.

Hij kocht een martini voor me, en iets later kwam ik te weten dat hij een vriendin had thuis. Ze waren al vier jaar samen.

Ik was vastberaden niet te gaan knoeien met de man van een andere vrouw. Slecht karma, had ik geleerd.

Maar ze hadden een akkoord, zei hij bij onze tweede martini: ze mochten wel eens met anderen slapen, op voorwaarde dat het een uitzondering bleef. 'En als ze met een ander slaapt moet ze mij wel de leukste blijven vinden,' voegde hij eraan toe.

Ik schoot in de lach om de zelfverzekerdheid waarmee hij het formuleerde. Maar het was een wijze visie, vond ik. Stilzwijgend nam ik me voor in de toekomst alleen nog van een man te houden die mij de leukste vond. Geen liefdesverdriet meer voor mij. Geen onbeantwoorde liefdes meer.

Ben vertelde honderduit, met een nauwgezetheid die me van mijn stuk bracht. Ik was onder de indruk van zijn expressiviteit. 'Ik heb mezelf getraind de dingen altijd te zeggen zoals ze zijn,' legde hij uit.

Ga ik ook leren, nam ik me voor.

Terwijl Anabel platen draaide uit de jaren veertig werden Ben en ik dronken van martini's.

'Ze vindt je leuk, ik zie het aan haar glimlach,' hoorde ik een als haremvrouw verklede Indiase zakenman fluisteren tegen Ben. Hij bood ons zijn suite in Château Marmont aan voor de nacht.

Maar we raakten de Indiër kwijt. Ik nodigde Ben uit voor een ritje in m'n auto, en in plaats van in Château Marmont belandden we in het gras onder de sterren op de top van Runyon Canyon. Ik ontdekte dat hij een groot litteken had op zijn onderbuik. Milt gescheurd, toen hij met zijn surfboard ondersteboven naar beneden viel van een metershoge golf.

De volgende ochtend zaten we allebei onder de insectenbeten.

'Zandvliegen,' wist Anabel. 'Ze plassen op je huid, dat is wat die jeuk veroorzaakt.'

Ik had ook een grote wond overgehouden aan onze liefdessessie in de Canyon, midden op mijn heiligbeen.

'Heilige plek, recht in je kern,' fluisterde Anabel. 'Die jongen raakt je ziel.'

Anabel beweerde altijd dat ze tekens kon lezen, zoals de indianen, die boodschappen ontcijferden in voorbijdrijvende wolken, in de vorm van het gebladerte aan de bomen, in dierensporen langs de weg. 'Overal zijn tekens,' zei ze steeds.

Nu dus op mijn heiligbeen.

Ik haalde mijn schouders op,

Ben en ik gingen naar de supermarkt op de hoek van Sunset en Sycamore om een wegwerpfototoestelletje te kopen en een zalfje tegen de jeuk. We vroegen een dakloze een foto van ons te nemen onder een palmboom op de parkeerplaats.

'Jullie lijken wel Teletubbies, zo tevreden zien jullie eruit,' zei die lachend. Hij had geen tanden.

Daarna gingen we lunchen in een fastfoodtent. Voor het eerst in eeuwen at ik friet met mayonaise. In L.A. was ik beginnen te geloven dat drugs aanvaardbaarder zijn dan lichaamsvet.

We vertelden elkaar het verhaal van ons leven.

'Hij hield evenveel van jou als jij van hem,' zei hij over Max.

Even werd ik verdrietig. Maar twee seconden later moest ik zo hard lachen om Ben dat de tranen over mijn wangen rolden. Recht in de mayonaise.

Zo voelt liefde, wist ik opeens weer.

En ik herinnerde me zijn vriendin.

De drie maanden daarop brachten we alle nachten samen door in mijn gammele hostelbed, terwijl Anabel bikinidansen was en Bird Girl in de kast sliep. Elke avond bedreven we de liefde. Twee, drie keer na elkaar. En 's morgens opnieuw. Hij legde in bed hetzelfde aanstekelijke enthousiasme aan de dag dat hij betoonde bij alles wat-ie deed. Hij was nooit te moe en sloeg het nooit af als ik opnieuw wilde beginnen. Seks met hem was onafgebroken vuurwerk. Achteraf masseerde hij vaak zijn sperma in mijn huid. Als opgeklopte zachte zijde voelde het, stelde ik vast. Ik hield ervan de hele dag ongewassen rond te lopen, met zijn sperma tussen mijn borsten. Als een talisman op mijn hart, dacht ik.

Hij had een reishangmat die hij vastknoopte tussen twee palmbomen en terwijl we samen in de hangmat lagen, vertelde hij me wat hij wist van de koningsvlinders en las hij me stukken uit grappige boeken voor. Hij leerde me surfen en kocht een touw dat we tussen twee andere palmbomen bevestigden, en in de verloren uren van de avond leerde hij me koorddansen.

Hele dagen brachten we door met verkenningstochten door de stad in mijn oude goudgroene wagen. We volgden zwermen koningsvlinders op de klippen langs de Stille Oceaan. Op paasmaandag ontdekten we honderden vlinders op een parkeerplaats aan de 101, een surreëel gezicht.

Elke dag aten we friet met mayonaise of supergrote pizza's of afhaalchinees of pannenkoeken. Elke dag vertelden we elkaar stukjes van ons leven die we elkaar nog niet hadden verteld. En elke dag deed Ben me wenen van het lachen.

De dag dat hij weer naar Nieuw-Zeeland vertrok, bracht ik hem naar de luchthaven. In de rij bij de check-in gaf hij me een houten kralensnoer cadeau. Oranje met bruin, zoals de koningsvlinders.

Hij trok me tegen zich aan terwijl iedereen ons passeerde en hij bleef me strelen, door mijn dunne zwarte T-shirtjurk heen. We moesten allebei glimlachen, omdat we wisten dat daaronder zijn sperma kleefde.

Voor hij door de douane verdween, fluisterde hij: 'Beloof me dat je niet zal treuren. Beloof me dat je snel iemand anders zal vinden.'

Hij keek bezorgd. Ik bleef glimlachen. Er waren zoveel feestjes in Hollywood. Zoveel leuke jongens. Toch wel een beetje arrogant van hem, vond ik, te denken dat ik hem zou missen.

Maar na zijn vertrek gebeurden er vreemde dingen. De wond op mijn heiligbeen genas niet. De zandvliegbeten bleven littekens. Kamer 8 werd binnengevallen door tientallen hagedissen. Zwermen gemeen uitziende blauwe gaaien streken neer op de parkeerplaats van de Angels' Inn en joegen de vlinders weg. Drie slangen drongen de keuken binnen. Ik vond een rat in de muesli. Bird Girl verdween. De schildpad liep weg. De klavertjesvierman moest naar het ziekenhuis. Prema de huishond stierf. Zelfs Hollywood Boulevard zag er anders uit. De veranderingen waren subtiel maar onmiskenbaar. De palmbomen waren veranderd. Ze bewogen nu op een iets andere manier in de wind. En er was iets met het blauw van de lucht. Zelfs de kleur van het Californische zonlicht was veranderd.

Anabel geloofde me.

'Je hield van hem,' beweerde ze keer op keer.

Dan haalde ik mijn schouders op.

IT'S ALL COMEDY

Ik was al een jaar en drie maanden in Los Angeles en heel erg blut. Ik gaf massages aan de rand van het zwembad, maar de meeste gasten waren rugzaktoeristen en niet veel rijker dan ik.

Op een dag kreeg ik een telefoontje van een onbekende die om een massage vroeg. Ik had nog nooit iemand gemasseerd van buiten de Angels' Inn. Ben nooit te weten gekomen van wie hij mijn nummer had. Ik heb het hem gevraagd, maar hij gaf een ontwijkend antwoord. Soms verdenk ik Anabel ervan, maar ik heb het haar nooit durven vragen.

De eerste keer spraken we op zijn verzoek af in een *spa* in West Hollywood. Hij kwam een halfuur te laat. Terwijl ik op een bankje in de receptie zat te wachten keken de receptioniste en haar vrienden me bevreemd aan. Ik zag ze fluisteren en over hun schouder naar me kijken.

Ik moest er een paar minuten over nadenken voor ik het begreep. Ze denken dat ik een callgirl ben, besefte ik met een schok.

Hilarisch, dacht ik, geweldig verhaal om aan Saskia te vertellen. Ik wierp de receptioniste onverstoord een uitdagende glimlach toe, zoals ik me voorstelde dat callgirls glimlachen.

Daniel was een dertiger met een kleurrijk hemd, hippe bakkebaarden en fijne gelaatstrekken. Hij had een buikje en zag eruit als iemand die ooit knap was geweest, voor hij uit vorm raakte. Een beetje zoals Elvis Presley.

'*I like your energy,*' was het eerste wat-ie zei.

Typisch Californisch. De spirituele versie van 'Je hebt een lekkere kont'. Hij leek aardig, maar ik hoorde meteen aan zijn stem dat hij high was.

Ik sleepte mijn roze massagetafel een klein kamertje in, waar we ons eigen privébubbelbad hadden. Er was geen plaats om de tafel op te zetten. Ik moest hem masseren op de matras die op het stenen vloertje naast het bubbelbad lag.

Zodra ik hem aanraakte kreeg hij een erectie. Ik probeerde er geen acht op te slaan.

'*Honey, I want to lick you,*' zei hij, toen ik amper tien minuten met hem bezig was.

Hemeltje lieve god, dacht ik. Ik wist even niet of ik in de lach of in paniek moest schieten. Probeerde serieus te blijven.

'Ik ben bang dat dit een misverstand is,' antwoordde ik glimlachend, trots op mijn professionele houding. Dit moest ik Saskia en Anabel vertellen.

Hij bood vriendelijk zijn excuses aan.

Ik masseerde rustig verder; zijn handen, zijn armen, zijn schouders. Concentreerde me op zijn hartchakra, zoals Anabel me dat had geleerd.

Toen ik zijn hoofd masseerde werd zijn erectie groter en groter. Zijn arm gleed omhoog en wandelde over mijn been.

Ik legde zijn hand weer op zijn plaats en concentreerde me op zijn voeten. Ik probeerde verwoed géén aandacht te schenken aan die erectie, maar hij had de grootste penis die ik ooit had gezien. Het ding deed me denken aan een knaagdier. Een rat of een marmot. Niet dat ik geef om omvang. Echt niet. Het zijn de hardheid en de hoek die van belang zijn. Ik heb wonderen weten te verrichten met het tandenborstelformaat. Maar toen ik Daniels gigantische ding zag, raakte ik toch meer en meer opgewonden.

Terwijl ik zijn tenen onder handen nam, zuchtte hij weer: '*Honey, I want to lick you.*'

Ik dacht even na. Niet lang. Ik had me altijd al afgevraagd hoe het zou voelen betaald te worden voor seks. Was vreselijk nieuwsgierig. En vreselijk opgewonden. En dit was L.A. Dus waarom niet?

Ik liet z'n voeten los, liet mijn handen en mijn voorarmen zacht en langzaam over zijn benen omhoogglijden en begon de binnenkant van zijn dijen te kneden. Langer en dieper en hoger dan strikt noodzakelijk was, terwijl mijn haren over z'n buik streken.

'*Honey,*' zuchtte hij weer.

Het eindigde ermee dat ik hem een blowjob gaf, mijn meest professionele blowjob ooit, en dat hij me op zijn gezicht deed zitten. Ik kwam zo luid klaar dat ik dankbaar was dat het geluid van de jacuzzi ervoor zorgde dat de receptioniste me niet kon horen schreeuwen.

Toen ik vertrok gaf Daniel me tweehonderd dollar. Mijn orgasme was zo goed geweest dat ik het gratis zou hebben gedaan.

Ik besloot mijn geld meteen stuk te slaan bij een kapper op Rodeo Drive. Ik was al een jaar niet meer geweest.

De hele verdere dag draafde ik rond met een grote glimlach op m'n gezicht. Seks was vaak zo schaars geweest in mijn leven, en veel van mijn vroegere minnaars waren achteraf bekeken zo onhandig geweest – nu kreeg ik fantastische seks en werd er nog voor betaald ook.

Een paar dagen later spraken we opnieuw af. Daniel pikte me op, met mijn massagetafel, op de parkeerplaats van een dure delicatessenzaak in Beverly Hills. Ik verheugde me al op de seks, maar was zo zenuwachtig dat ik het portier van mijn gammele auto wagenwijd open liet staan toen ik bij hem in de Landrover stapte.

Gelukkig zag hij het voor we wegreden.

'*It is all comedy*,' zei hij lachend. '*Life's one big comedy.*'

Hij nam me mee naar zijn grootouders, wat ik een beetje bizar vond. Ze woonden in een chic appartement op Wilshire Boulevard. Spraken Farsi. Zijn oma bood me zoete worteltaart aan, gekruid met gember en kardemom. Ik vroeg me af of ze wist dat ik de callgirl van haar kleinzoon was.

Daarna reden we naar een villa in Beverly Hills. In de tuin passeerden we een zwembad, een Mexicaanse tuinman en twee cairnterriërs die Daphne en Josephine heetten, naar Tony Curtis en Jack Lemmon in *Some Like It Hot*.

In de hightech keuken hing een klok met een reclame voor een antidepressivum. Daar zei Daniel plots: 'Ik wil je voorstellen aan m'n vader. Ik wil dat je hem ook masseert.'

Toen pas besefte ik dat de villa van zijn ouders was, niet van hem.

'Je moet mijn vader vertellen dat ik een genie ben en dat hij zich geen zorgen moet maken over mij,' droeg hij me op.

Er is iets heel erg mis hier, begreep ik opeens.

Daniel duwde me een kamer binnen. Tegen de muren stonden allemaal rekken vol medische boeken. Zijn vader zat achter een groot glazen bureau met koperen poten. Een mooie, oudere Perzische arts, voornaam en erudiet van uiterlijk.

'Dit is Hannah. Ze komt je masseren,' introduceerde Daniel me.

Zijn vader wilde overduidelijk geen massage. Wist overduidelijk niet wat aan te vangen met zijn zoon. Noch met de situatie.

Ik wist het ook niet.

Hij zei geen woord. De stilte was pijnlijk.

Mijn hart brak. Ik deed mijn best om zo geruststellend mogelijk te glimlachen, in mijn witte mini-jurk. Ik wilde wegrennen, maar wegrennen was niet professioneel.

Daniel nam me mee naar zijn slaapkamer. Zette een Elvis Presley-cd op. Ik installeerde mijn massagetafel.

Na tien minuten sprong Daniel van de tafel af. Bood me een lijn coke aan. Ik weigerde. Liet hem snuiven. Hij ging weer liggen en ik ging verder met masseren.

Een kwartier later sprong hij opnieuw de tafel af. Snoof weer een paar lijntjes. 'De beste coke in L.A.,' zei hij.

Dit keer accepteerde ik een lijntje. Als deel van de totale L.A.-ervaring, hield ik mezelf voor.

'*Love me tender*,' zong Elvis op de achtergrond.

Wat later nam ik nog een lijntje. En toen nog een paar. En toen nog wat. Ik vond er niets aan, en toch wilde ik almaar meer.

Ik was benieuwd hoe seks op coke zou voelen. Ik had er zo'n opgetogen verhalen over gehoord. Maar het deed me niks. Het voelde ijskoud. Als seks met een plastic pop.

Ik was teleurgesteld. Maar ook opgelucht: dat was dan één verleiding minder in mijn leven.

'Ik wil je drie keer per week huren,' bleef Daniel maar herhalen. 'Tegen een vast bedrag.' En hij zou een beeper voor me kopen, zodat hij me dag en nacht kon oproepen.

Hoe ben ik in godsnaam hier verzeild geraakt? dacht ik toen we na het vrijen samen onder de douche stonden, een wannabe callgirl met een wannabe rijkaard.

Nadat we elkaar hadden afgedroogd, nam hij twee slaappillen die hij wegspoelde met een glas whisky. 'Morgenvroeg neem ik je mee uit ontbijten in het hipste hotel op Sunset Boulevard,' beloofde hij toen we samen onder de lakens kropen.

Hij viel als een blok in slaap. Zodra hij lag te ronken kroop ik het bed uit, vouwde m'n massagetafel op en pakte m'n spullen. Met de massagetafel over mijn schouder sloop ik de trappen af, door de keuken met de Prozac-klok, de tuin uit, en dwaalde door de nachtelijke straten van Beverly Hills tot ik ergens een taxi zag.

Die nacht droomde ik dat mijn overleden oma me een sneetje zelfgebakken wittebrood met perenstroop gaf. 'Werk jij nu als prostituee, meisje?' vroeg ze terwijl ze nog een sneetje besmeerde.

Ik hield niet van het gevoel waarmee ik wakker werd.

Maandenlang bleef Daniel berichtjes achterlaten op mijn antwoordapparaat: 'Schatje, ik mis je. Ik wil je inhuren tegen een vast bedrag.'

Ik heb hem nooit teruggebeld. Hem nooit meer gezien. Noch aan Sas noch aan Anabel heb ik het verhaal ooit verteld. Maar af en toe denk ik nog aan hem, en aan hoe hij beweerde: '*It's all comedy.*'

DE KONINGSKROON

Op een dag gaf mijn auto definitief de geest. Niet meer te redden. In L.A. ben je niets zonder auto, en ik had geen geld om een nieuwe te kopen.

'Trek het je niet aan, lieverd,' zei Anabel. 'Ik zie in de sterren dat je binnenkort een grote liefde zal tegenkomen. En dat je gaat verhuizen ook.'

Het leek me allebei even onwaarschijnlijk. Bovendien wilde ik niet weg uit de Angels' Inn.

Ik wilde een strandwandeling maken om na te denken.

Anabel gaf me een lift naar Venice Beach. Ik sloeg de bundel open van soefidichter Rumi die ze op haar dashboard had liggen. Iedereen leest Rumi in L.A. 'Er bestaat geen redding voor de ziel, behalve verliefd worden', las ik hardop.

'Zie, dat is een teken, je gaat hem heel binnenkort tegenkomen!' gilde Anabel.

Ze zette me af bij Fig Tree Café. Ik bestelde pannenkoeken met ahornsiroop als ontbijt. En toen liep ik Tavi tegen het lijf. Hij had korte, warrige zwarte haren. Zijn ogen veranderden steeds van kleur, van olijfgroen tot ambergoud. Zijn tanden stonden een beetje scheef, heel bijzonder in L.A. Een kleine imperfectie die hem nog sexyer maakte. De manier waarop hij lachte was pure poëzie.

Hij droeg een koningskroon aan zijn ringvinger. Een babyblauw T-shirt met een raketvormige wit-blauw-rode ijslolly erop. Het soort ijslolly dat ik at als kind in de jaren zeventig. Tavi was toen nog niet eens geboren.

'We zijn allebei draken volgens de Chinese astrologie,' wist hij, nadat hij had uitgevist dat ik twaalf jaar ouder was dan hij. 'Wat gebeurt er als twee draken elkaar tegenkomen?' vroeg hij. 'Verscheuren ze elkaar?'

Ik haalde mijn schouders op. Lachte om mijn nervositeit te camoufleren.

Toen hij me nog een koffie inschonk, zorgde ik ervoor dat mijn vingers de zijne even raakten.

Minder dan een uur later bevond ik me achter op zijn oranje vintage motor, die ouder was dan hij.

Het was de eerste maal dat ik iemand versierde tijdens het ontbijt. Of dat ik me liet versieren tijdens het ontbijt.

We reden naar Matador Beach. Het verborgen strand was leeg. Hoog boven ons, net boven de klippen die het land scheidden van de oceaan, fladderden tientallen koningsvlinders op en neer in de bries.

'Ze vliegen altijd net boven die rand,' wist Tavi.

We renden naakt de Stille Oceaan in.

'Wanneer heb je dit voor het laatst gedaan?' riep hij.

Ik kon het me niet herinneren.

Het water was minder koud dan ik had verwacht, maar de stroming was sterk. We bezeerden ons aan de keien. Holden er snel weer uit. Gingen liggen op onze kleren, in de witgele junizon. De felle, warme Santa Ana waaide tranen in mijn ogen.

'Wanneer de Santa Ana waait neemt het aantal moorden en aanvallen van waanzin enorm toe,' beweerde Tavi.

We brachten de dag door op het strand.

'*You… like me!*' zei hij in de late namiddag, terwijl de zon transformeerde in een oranje piramide.

'Is dat een constatering of een bevel?' vroeg ik.

'Een bevel.'

Toen kuste hij me. Het was eerder bijten dan kussen. Zijn lippen waren stevig, gespierd. Zijn tanden sterk. Het voelde goed. Ik wilde meer.

De zon veranderde in een roze koepel. Zonk snel weg in de

oceaan. Vreemde wolkenpatronen verschenen aan de hemel. 'Luipaardenvel,' observeerde Tavi, over m'n schouder heen. En later: 'Tijgervel.' En dan: 'Engelenvleugels.'

Hij nam me weer in zijn armen. Streelde mijn neus met de zijne. Ik beet zijn bovenlip bijna open. Trok hem weg van het strand, terug naar boven, de klippen op.

'Stop,' beval hij, zijn hand in de mijne. 'Ik ruik jasmijn.'

Ik vond het leuk dat hij halt hield voor een geur. We zochten de jasmijnstruik maar vonden alleen een dode koningsvlinder.

'Hoe lang leven koningsvlinders?' wilde ik weten.

'Niet lang,' dacht Tavi. 'Ze zijn hier alleen maar op doortocht, net als wij, *just passin' through.*'

Terwijl Venus rees aan de horizon, nam Tavi me mee naar een lunapark, waar hij me videospelletjes leerde spelen. Niemand had ooit videospelletjes met me gespeeld. Misschien is dit wel liefde, dacht ik.

Daarna reden we naar zijn flat. De stad was een eindeloze ketting van benzinestations, liquor stores en fastfoodrestaurants. Alleen de palmen en sinaasappelbomen gaven de lelijkheid nog iets poëtisch. Ik hield van de palmen. Ze gaven me het gevoel dat ik in een film zat.

'Je zít in een film, baby,' zei Tavi, ernstig en stellig. 'We zijn allemaal acteurs in onze eigen privéfilm.'

We brachten de nacht door in zijn bed. Aan de muur van zijn slaapkamer hing een houtsnede van een meisje uit wier vagina een zwerm vlinders verscheen. Het raam keek uit op het reuzenrad van Santa Monica. De contouren van de heuvels in de verte kleurden zwart tegen de inktblauwe lucht. Aan het plafond draaide een grote houten ventilator.

Zijn huid was zacht, zijn handen waren als zwermen vlinders, over mijn hele lichaam tegelijk aanwezig. Hij masseerde mijn tepels met ijsblokjes en likte Grand Marnier van mijn buik en van de binnenkant van mijn dijen. Het voelde zo goed, ik vroeg me af wat hij deed met zijn tong. Wat hij ook deed, hij deed het met volledige concentratie.

'Je brandt vanbinnen,' fluisterde hij. 'Zoals pikante kaneel. Of honing met chilipepers.'

'Mag ik schreeuwen als ik klaarkom?' vroeg ik, bezorgd om eventuele flatgenoten.

'Je mag de hele tijd schreeuwen,' murmelde hij.

We kwamen samen klaar. Toen hij sliep, deed ik de koningskroon van zijn ringvinger. Deed hem om mijn middelvinger.

De volgende ochtend liep hij met me mee naar de bushalte. Stopte om madeliefjes te plukken langs de weg. Stak ze in mijn haren.

'Ze passen bij je jurk.'

'Een sprankelend stel,' grijnsde een magere zwarte man. Hij hield een bordje vast waarop stond: HUNGRY MAN.

Ik vroeg me af of Tavi mijn telefoonnummer ging vragen.

'Je zal me missen,' probeerde ik.

'Ja, ik zal je missen,' gaf hij toe. 'Bijna net zo erg als jij mij zal missen.'

De bus arriveerde. Op de zijkant prijkte een reusachtige advertentie voor een wodkamerk: NOTHING STAYS PURE IN L.A. ALMOST NOTHING.

'Je mag de ring houden,' zei Tavi nog. 'Draag hem om je wijsvinger. Zodat je ermee kan wijzen naar wat je hebben wilt.'

Hij vroeg mijn nummer niet.

'Hoe vaak ga je nu nog denken dat je liefde hebt gevonden, op stranden en in lunaparken en in slaapkamers van onbekenden?' voer Anabel die avond tegen me uit.

Ik haalde m'n schouders op.

'We zijn samen klaargekomen,' vermeldde ik nog. Misschien moest je van de liefde niet meer verwachten dan dat.

GRAS

Op een snikhete juliochtend vol smog, toen ik dringend moest plassen en Anabel de badkamer bezet hield, hurkte ik neer op de vierkante meter verdroogd gras achter kamer 8. Ik voelde de verdroogde grassprieten tegen mijn billen. Op wat uitstapjes na was dat nagenoeg het nauwste contact dat ik in anderhalf jaar met de natuur had gehad, besefte ik plots. Ik was te lang in L.A. geweest. Was de geur van gras vergeten, van velden en van bloesemende bomen. Kon het zicht van de reclameborden en de snelwegen niet langer verdragen. Zelfs de sinaasappelbomen en de palmen boden geen troost meer.

Geef me het gevoel terug van op blote voeten over nat gras lopen, dacht ik opeens, en de geur van rozen na een regenbui. Blatende lammetjes in een wei. Saucijzenbroodjes. Tante Emmies wentelteefjes. Tomatensoep met balletjes. Hanengekraai in de ochtend. Zwaluwen in de lucht. Keihard rennen in de regen. Vooral het gevoel van keihard rennen in de regen, dacht ik.

Maar niet voor lang. Ik herinnerde me opeens de man met de amuletten om zijn nek, uit de bus, die zulke enthousiaste verhalen had verteld over de natuur in Central Valley. Ik diepte Josh' notitieboekje op. BIG SUR, zag ik.

'Ik moet er een week tussenuit,' mompelde ik tegen Anabel.

'Zie je wel, ik had het in de sterren gezien!' antwoordde ze.

Anabel regelde een lift voor me naar het noorden, met kennissen van haar die in de filmbusiness werkten. Tijdens de vijf uur durende rit vertelden ze me over hun vakantie op Mauritius, waar zwarte jongens hun wangen besprenkelden met rozenwater en hun zonnebrillen afveegden. Zij had het over haar borstvergroting en haar nieuwste couturejurk. Hij regelde nog een casting via zijn gsm: 'Ik wil dat je een ultramagere meid voor me vindt, begrepen?!'

Toen reden we de bergen van Big Sur in en werd de verbinding verbroken.

Het duurt drie uur om Big Sur door te rijden. Er wonen zo'n drieduizend mensen. Nergens reclameborden. Geen straatverlichting. Geen overvliegende vliegtuigen. Geen kapsalons. Geen supermarkten. Geen bioscopen. Overal waar ik ging of stond rook ik de oceaan, vermengd met de geuren van eucalyptus, ceder, wilde salie, sparren, jasmijn. Ik zag passiebloemen, aloë vera, paradijsvogelbloemen. Watervallen en bergrivieren en hete bronnen op klippen. Kolibri's en pelikanen. Zeehonden en zeeotters. Soms zwom er een walvis voorbij.

Ik logeerde op een verlaten camping aan een riviertje, in een van Anabel geleend tentje dat ik had opgezet onder een redwoodboom. De oceaan was mijn voortuin, de bergen mijn achtertuin. Ik sprong naakt van de hete bronnen in de rivier en dan weer de hete bronnen in.

De eerste week kon ik bijna niet geloven dat zoveel schoonheid echt bestond. De tweede week begon ik me af te vragen of er geen manier was om mijn verblijf te verlengen. De derde week besloot ik er voor de rest van mijn leven te blijven.

Tijdens een wandeling in de heuvels ontmoette ik een man die kok en yogaleraar was in een plaatselijke retraite, waar rijke Amerikanen uit San Francisco, L.A. en New York kwamen mediteren. Hij heette Santosh.

Hij bood me een baantje aan als keukenhulp.

'Aangezien je hier illegaal bent, kan ik je geen geld geven, maar wel eten en logies.'

Daar hoefde ik niet lang over na te denken. Ook al was ik altijd een kluns geweest in de keuken.

Ik begon als afwasser. Elke middag en avond deed ik de afwas voor tweehonderd man. Achteraf moest ik twee dozijn zware rubbermatten naar buiten dragen en afspoelen. En dan de vloer schrobben.

Na een paar weken mocht ik helpen uien pellen en groenten snijden. Nog wat later leerde ik notenbrood bakken, en vijgenbrood. Ik leerde yams roosteren en Californische wraps maken gevuld met avocado, gegrilde paprika, kruidige aubergine en geitenkaas.

Daarna leerde ik gerechten bereiden als quinoapasteitjes met amandelen en paddenstoelen en gestoomde lamsgehaktballetjes met pijnboompitten, koriander en zongedroogde tomaten.

Als ik niet in de keuken stond, deed ik mee met de yogalessen. Ik had niet gedacht dat ik ooit yoga zou gaan doen. Dat was iets voor rustige en lenige mensen, niet voor mij, een stijve hark die op school altijd als laatste gekozen werd bij het samenstellen van de teams.

'Het doel van yoga is niet je benen achter je oren te leggen, maar de overbodige deiningen in je geest te kalmeren en je hart te openen,' zei Santosh.

Ik dacht veeleer aan het verstevigen van mijn bilspieren.

DE KOSMISCHE OCEAAN

Op een nacht zat ik te baden in het hete bronwater dat uit de rotsen gutste, hoog boven op de klippen, onder de melkweg. De maan was bijna vol. Het was er zo licht dat je een boek had kunnen lezen. De wolken en de bomen wierpen grote schaduwen op het gras. De golven waren hoger dan ooit. Waar de oceaan de klippen raakte, was alles wit schuim.

In het hete mineraalwater zaten nog een paar mensen te staren naar het spektakel van de bulderende golven onder ons, de vallende sterren boven ons.

Een onbekende jongen naast me onderbrak de stilte. 'De mystieke beleving,' fluisterde hij, 'kan worden vergeleken met een kosmische oceaan. Elk van ons is een golf. En elk van ons is de oceaan. We zijn allemaal onlosmakelijk met elkaar verbonden. We zijn allemaal één.'

Hij heette Charles. Was zesentwintig. Een predikantenzoon uit Alabama, die sprak met een zuidelijke *drawl*. Hij had economie gestudeerd aan een topuniversiteit en daarna een dikbetaalde pr-baan aan de haak geslagen in Manhattan. En toen had hij de boeken ontdekt van Joseph Campbell en Alan Watts. Had zijn baan opgezegd. Was naar Californië gevlogen. Wilde zich voortaan verdiepen in de mystieke ervaring. En er dan films over maken.

Hij zag eruit als de jongens op affiches van hippe Amerikaanse kledingmerken. Je zou verwachten dat hij het over zeilen en baseball zou gaan hebben, niet over de mystieke ervaring. Hij was een echt alfamannetje. Mijn type niet. Te lang, te knap, te succesvol.

Ik was ook zijn type niet. Zijn laatste vriendinnetje was een langharige blonde topjuriste geweest bij een multinational in Manhattan. Maar het lot had ons die nacht samen in de hete bronnen doen belanden en geen van ons tweeën wilde zich daartegen verzetten.

De volgende nacht maakten we een wandeling in de canyon, tussen watervallen en beekjes en duizenden jaren oude redwoodbomen. De canyon was gevaarlijk. Er zwierven bergleeuwen rond en er waren al mensen gestorven door neervallende rotsblokken. Maar Charles had een bergbeklimmerstraining gehad in Alaska. Was zelfs beren gewend. Nooit in mijn leven had ik me zo veilig gevoeld.

Amerikanen zijn psychologisch volledig anders dan wij, denk ik nog steeds, omdat ze opgroeien met meer wildernis en bijkomstige gevaren.

Tijdens onze derde nacht samen nam Charles me mee naar een peyoteceremonie in een grote tipi. Boven op een met oranje klaprozen bezaaide heuvel, in het ongerepte Santa-Luciagebergte. Omringd door wolken die bizar snel draaiden, als een wolkencarrousel.

De indianen hadden ons elk veertig dollar gevraagd, maar ik voelde niets van de peyote. Ik voelde me bedrogen. Wij kregen elk slechts één theelepeltje, terwijl zijzelf er de hele nacht van bleven innemen. Bovendien deed mijn rug pijn van twaalf uur lang in kleermakerszit op de koude aarde zitten en was ik geïrriteerd omdat de indianen voortdurend met elkaar zaten te kibbelen.

'Sjamanen hebben ook het recht om vervelend te doen,' beweerde Charles achteraf.

Tijdens onze vierde nacht samen dronken Charles en ik Hawaïaanse paddenstoelenthee. De passiebloemen en paradijsvogels veranderden in monsters en demonen. De houtblokken in het kampvuur transformeerden tot bloedend vlees. Mijn lichaam en hersenen leken van elastiek, te ver uitgerekt, op het punt te knappen. De tijd werd ondraaglijk traag. Ik voelde de vermoeidheid van een miljoen jaren. Ontdekte dat er in elke seconde verborgen hoekjes en schuifjes zijn met meer tijd. Ik voelde de pijn van alle mensen die op dat moment ergens aan het sterven waren in een goot. Voelde haar groeien in mijn aders. Kotste Charles' schapenleren jas onder. Dacht dat ik aan het sterven was.

'Hou je ogen dicht,' zei Charles. 'Zwijg, en haal diep adem.'

Hij ademde met me mee. Urenlang. Tot ik één werd met de kosmos, en voor het eerst in mijn leven de betekenis van het woord 'heilig' begreep, en de bomen hoorde ademhalen en de hartslag voelde van de aarde.

Tijdens onze vijfde nacht samen bedreven we de liefde. In een verlaten gele schoolbus op de klippen. Tussen kindertekeningen van zeemeerminnen en zeepaardjes.

Charles had alles gepland, want er stonden twee grote kaarsen klaar, een keramieken vaas met wilde rozen en een houten schaal vol kersen.

Op de vloer lagen een matras en een Mexicaanse deken met groene en oranje strepen, en terwijl buiten kikkers kwaakten en krekels tjirpten, wijdde Charles me in in het tantrisme.

Eerst aaide hij mijn haren en zoende mijn voorhoofd en streelde mijn lippen. Daarop liet hij langzaam mijn kleren van mijn lijf glijden. Telkens als er een kledingstuk op de grond viel, pauzeerde hij om mijn haren weer te strelen en mijn gezicht te kussen en met mijn lippen te spelen. Ik weet nog hoe hij mijn lippen raakte met de zijne, raakte en weer losliet, raakte en losliet, raakte en losliet, tot ik helemaal warm werd vanbinnen en hem wilde zoenen en bijten.

Maar hij hield me af en duwde me neer, op de Mexicaanse deken. Hij bleef glimlachend rechtop zitten en dwong me roerloos toe te kijken terwijl hij zich traag uitkleedde. Ik zag zijn brede schouders weer, zijn platte buik, de posterjongenbillen.

'Blijven liggen, verroer je niet,' fluisterde hij. 'Jij doet niets. Ontvang.'

Hij bleef naast me zitten, nam een roos uit de vaas, trok er een voor een de blaadjes af en liet die neerdwarrelen over mijn naakte lichaam. Hij ging verder met een tweede roos en een derde. Daarna likte hij een voor een de rozenblaadjes op, terwijl zijn haren en lippen en handen over mijn benen, buik en borsten streelden.

Toen hij alle rozenblaadjes ophad, rolde hij me om, op mijn buik, en kwam boven op me liggen, zijn borstkas en buik tegen mijn rug. Ik voelde voor het eerst zijn penis, hard en warm en stevig tegen mijn billen.

Ik wilde hem in me voelen. Maar hij bleef het uitstellen. Zoende mijn oorlelletjes. Knabbelde eraan, zoog eraan. Stak zijn vingers in mijn oren. Masseerde mijn hoofdhuid. Beet in mijn nek. Schoof dan omlaag. Het puntje van zijn tong gleed langs mijn ruggengraat naar beneden. Hij aaide mijn billen met zijn vingertoppen, met zijn tong, zijn lippen. Dan mijn benen en mijn voeten. Ten slotte nam hij mijn tenen een voor een in zijn mond.

Ik smolt weg in de strepen van de Mexicaanse deken onder me.

Daarna rolde hij me weer om.

En hij streelde mijn lippen weer met de zijne, zoog hevig en intens op mijn bovenlip, zoende mijn borsten, zoog aan mijn tepels, beet erin, aaide ze met zijn handpalmen, kneedde ze zachtjes, bedekte mijn buik met kusjes tot ik bijna een hoogtepunt bereikte.

Vervolgens ging hij in lotushouding zitten en plantte me neer boven op hem, mijn benen om zijn rug geklemd, mijn armen om zijn hals.

Toen hij in me gleed, keek hij me recht in de ogen.

'Hou het puntje van je tong tegen je voortanden,' beval hij.

Hij liet me een tijdje mijn gang met hem gaan. De bewegingen kwamen vanzelf. Ik maakte grote cirkels met mijn bekken, en kleine. Leunde naar voren en naar achteren, naar links en naar rechts. Toen ik weer bijna een climax bereikte, hield hij me tegen.

'Blijven ademhalen,' fluisterde hij. 'Voel die energie.'

Wat ik voelde leek op warme likeur die door mijn bloed stroomde.

Hij tilde me op en legde me teder neer en kwam boven op me liggen en ademde weer met me mee en nam de leiding over.

Hij was besneden en een meester in timing. Diepe langzame stoten wisselde hij op het juiste moment af met snelle ondiepe stoten. Diepe snelle stoten met langzame ondiepe. Diepe snelle met diepe langzame. Ondiepe langzame met ondiepe snelle.

Volgens mij telde hij ze, en is er een magisch getal.

De bus schudde heen en weer boven op de klippen.

Drie, vier, vijf keer… toen ik heel opgewonden was en weer bijna klaarkwam, stopte Charles met bewegen en fluisterde: 'Stuur die energie naar je hart.' En: 'Stuur die energie naar alle delen van je lichaam.'

En dan bleef hij minutenlang stil binnen in me. Het voelde perfect. Als een dromerige, oceaanachtige toestand.

Uiteindelijk gaf hij me een vaginaal, een clitoraal, een g-spot-orgasme tegelijkertijd. Meerdere keren na elkaar. Mijn hele lichaam beefde en schokte.

Op het moment van de climax nam Charles mijn tong tussen zijn lippen en zoog mijn speeksel op.

Achteraf lagen we samen op de Mexicaanse deken en voerden elkaar zoete kersen uit de houten schaal.

Terwijl we ons aankleedden, wees Charles naar het moedervlekje op mijn onderbuik, net naast mijn rechterheup.

'Een teken van talent voor de liefde,' zei hij.

Hij had er zelf ook een. Een enorme. Minstens tien keer zo groot als de mijne.

Toen we uit de bus kropen zagen we de zon opkomen boven het Santa-Luciagebergte.

ANABELS TANTRASEKSGEHEIM

Tijdens het ontbijt kondigde Charles aan dat hij moest vertrekken. Hij wilde de mystieke ervaring verder uitpluizen.

Bovendien vermoedde ik dat hij op zoek was naar een meisje dat hij kon voorstellen aan z'n moeder. En dat hij mij niet zag als zo'n meisje. Ik was ouder dan hij en deed aan yoga; te excentriek voor Alabama.

Ik haalde diep adem toen hij wegreed. Vocht tegen de tranen. Ging naar de keuken en begon groenten te snijden en uien te pellen om *shepherd's pie* te maken voor tweehonderd man.

'*This parting is not an ending, but a completion,*' zong een vrouwenstem op de transistorradio tussen de kruiden op het keukenrek.

Diezelfde dag belde ik Anabel om haar alles te vertellen.

Ze leek niet echt enthousiast. Ze wist waarschijnlijk meer van tantraseks dan Charles.

'Er is nog een geheim, schatje, dat-ie je waarschijnlijk doelbewust niet heeft gezegd,' antwoordde ze laconiek. 'Als je boven op de man gaat liggen, met je voorhoofdchakra op het zijne, je keelchakra op het zijne, je hartchakra op het zijne, je zonnevlecht op de zijne, je navelchakra op het zijne, jouw geslacht tegen het zijne, de wreven van je voet op de zijne, je open handpalmen op de zijne, zodat jullie chakra's een gesloten circuit vormen, en je hem dan vraagt je recht in de ogen te kijken en uit te ademen terwijl jij inademt, en in te ademen als jij uitademt, minstens driemaal na elkaar, met jullie monden wijd open op elkaar, dan zal hij voor altijd de jouwe zijn.'

Ik wist niet of ik er iets van moest geloven. Maar vroeg haar toch het te herhalen en noteerde het allemaal op de allerlaatste bladzijde van mijn notitieboekje.

Achteraf vroeg ik me af hoe het dan moest als de twee partners niet even groot waren.

Ik informeerde nog eens naar haar eigen liefdesleven, maar ze weigerde weer iets los te laten.

'Ik heb het je al gezegd, liefje, voor mij is de daad een heilig ritueel. En bovendien geloof ik dat erover praten trivialiseert. Praten doet de intensiteit verminderen.'

De Indian summer arriveerde en kleurde alles weer goud. Ik rook de oceaan, hoorde het gejuich van de zeehondjes die dobberden op de golven, zag de vlinders fladderen in de bries en de kolibri's stilhangen in de lucht, dan weer op en neer vliegen en van voor naar achter, observeerde de vluchten pelikanen, hoorde het geklater van de watervallen en de riviertjes over de rotsen, en vroeg me weer af wat ik in godsnaam in Nederland zou gaan doen met de kerst.

Dus ik belde mijn ouders. Liet een bericht achter op het antwoordapparaat. Belde Saskia. Ze had nu iets met haar boekhouder.

Belde Josh. Hij was nog altijd met zijn Zwitserse vriendin. 'Maar ik ben nog steeds niet verliefd,' zuchtte hij. 'En Max doet je de groeten.'

Ik keek naar de branding en zag de golven te pletter slaan tegen de rotsen en zei niets.

VOOR DE REGEN

En toen, met een paar maanden vertraging, kwam de grote liefde die Anabel had voorspeld.

Ik leerde Balthazar kennen begin oktober. Hij zat gitaar te spelen in de canyon, op een boomstam die diende als brug over een riviertje dat de plaatselijke indianen Dancing Creek hadden gedoopt.

'*I am the king of Nothing, do you want to see my crown?*' zong hij. En: '*I have been lovesick for years, do you want to see my scars?*'

Hij klonk als een kruising tussen Bryan Ferry en Chris Martin. Hij droeg zilveren matrozenoorbellen, een ongesneden turkoois aan een lederen koordje om zijn hals, een oranje zigeunerhemd, zwarte jeans, een bruinleren riem met een grote bronskleurige gesp, een ultralange gebreide bruin-grijs gestreepte wollen sjaal en een oranje vintage skimuts met in grote letters HOT DOG erop.

Balthazar was futuristisch hip, en zijn ogen waren turkoois met zonnebloemen rond de iris.

Ik deed alsof ik het bruggetje over moest.

'Hé meisje, waar ga jij heen?' riep hij.

Ik had nooit een man ontmoet die zo hanig en tegelijk zo aardig klonk.

Niet veel later zaten we samen op het rotsblokkenstrand wat verderop. Hij speelde gitaar voor me terwijl de maan opkwam en de zon leegbloedde in een waaiervormige zwerm wolken en er fluorescerende strepen schuim op de oceaan verschenen.

We stonden hand in hand op de klippen om het laatste stukje zon te zien verdwijnen in de oceaan. De heuvels kleurden violet en al de gebruikelijke geuren daalden eruit neer. Salie, ceder, sparren, eucalyptus, lavendel, jasmijn. Hij lachte en zuchtte 'Aaaah' en keek me recht in de ogen en toen streelde hij mijn bovenlip met zijn onderlip, mijn onderlip met het puntje van zijn tong en nam uiteindelijk allebei mijn lippen tussen de zijne.

Daarop sloeg hij zijn lange gebreide sjaal om mij heen en trok aan de uiteinden, zodat ik nog dichter tegen hem aan kwam te staan. 'Je bent blij dat je mij hebt leren kennen,' fluisterde hij.

Ik voelde me alsof ik hem altijd al had gekend.

Hij wikkelde de sjaal weer van ons af en blinddoekte me ermee. Ik wist niet wat ging komen. Voelde hoe hij me opeens optilde en rondzwierde in de lucht.

Hij was sterk en trefzeker. De frisse oceaanlucht waaide door mijn haren en streelde mijn lichaam terwijl ik draaide. Ik voelde me dronken en bang en blij en wild en vrij.

Later die nacht, terwijl de melkweg als een diamanten spinnenweb aan de hemel verscheen en de bloemen van kristal leken in het maanlicht, liep hij met me mee naar mijn kamer over de smalle kustweg. Hij plukte een pampastengel en droeg de pluim als een scepter. Hij was mooi als een prins van een andere planeet.

We brachten de nacht door in mijn bed, in het kleine cederhouten huisje aan de kustweg dat ik huurde.

Ik keek toe op het moment dat hij zijn broekriem met de bronskleurige gesp losmaakte. Hij deed het met een uitdagende zwier en een grote lach; bewust van zijn rol als mannelijk lustobject en bewust van de relatieve onbelangrijkheid van ons paringsritueel. Bewust van de miljoenen paringsrituelen die zich overal ter wereld afspeelden tegelijk met het onze, en toch bereid het spel te spelen met plezier, inzet en gratie. Alsof het het enige en het laatste ter wereld was.

Hij bleef lachen, de hele nacht lang. Mijn huid hield meteen van de zijne. Die nacht voelde ik me alsof ik de oceaan door mijn lichaam had stromen.

Ik was te verliefd om me helemaal te laten gaan die eerste keer en bereikte geen hoogtepunt, maar zijn turkooizen ogen waren wijd open en keken recht in de mijne toen hij klaarkwam. Zijn mond was open, ik zag zijn witte tanden. Ik las vreugde en schrik op zijn gezicht.

DE REGEN

November en december bleven warm en amberkleurig. We brachten al onze dagen door op de klippen. De mannen jamden, de meisjes waren mooi. Ik leerde alles over stemmen in *mi bemol* en over Balthazars gitaar, een vintage Martin van Braziliaans rozenhout, gedecoreerd met honderden handingelegde stukjes schelp. 'De Cadillac onder de gitaren,' zei hij.

Ik luisterde naar de frisse liefdesliedjes die hij zong, en vroeg me af of hij er ooit eentje voor mij zou schrijven.

'We zijn geen stel,' spraken we af. 'Alleen minnaars. Of vrienden die elkaar orgasmes bezorgen.'

In feite was dat Balthazars idee, maar het was oké voor mij. Minnaars konden elkaar niet verraden of bedriegen.

De winterregens werden verwacht maar bleven lang uit dat jaar. Ik hoopte dat ze nog een tijdje op zich zouden laten wachten, want als het winter werd zou Balthazar terugkeren naar Orange County, een voorstad van L.A., waar hij woonde.

Op een nacht tijdens een kampvuur spraken de mannen van Big Sur over de gevaren van het regenseizoen: modderstromen, neerstortende rotsblokken, herten die uit het niets opdoken op de weg.

Balthazar vertelde hoe hij ooit tijdens een storm, midden in de nacht, een hert had aangereden en in de stromende regen het hart van het dode dier had uitgesneden. Volgens aloude indiaanse traditie had hij het thuis gekookt en opgegeten om de kracht en de vitaliteit van het hert tot zich te nemen.

De anderen protesteerden: je mocht het hart alleen opeten als je het hert zelf had opgejaagd en met pijl en boog had doodgeschoten, vonden ze.

'Great Spirit stuurde het dier mijn pad op,' vond Balthazar. 'Dus ik had er recht op. En ik zou nooit zelf een hert doelbewust doden.'

Hij ging voort hoe hij als tiener in de bergen van de staat Washington ging kamperen met zijn vader, een houthakker van Scandinavische afkomst, en hoe hij op een nacht een hert had zien naderen en het geweer had geladen om het dier neer te schieten. Maar toen hij er oog in oog mee stond, kon hij het niet over zijn hart verkrijgen de trekker over te halen. 'Ook al had ik in die tijd de gewoonte alle ratten, wasberen en eekhoorns die ik tegenkwam neer te knallen.' De volgende ochtend had hij zijn vader niet willen uitleggen waarom het geweer geladen was.

'Wat een ontzettend leuke vriend heb je,' zei een meisje tegen me, tijdens een namiddag op de klippen. Een goddelijk Californisch neohippieyogameisje met een godinnenlichaam en lange wilde lokken.

'We zijn niet echt een stel,' wilde ik haar uitleggen.

Maar voor ik mijn mond kon opendoen, voegde ze eraan toe: 'Ik hoop dat hij een beetje voor je zorgt.'

Bitch, dacht ik, ze wil hem zelf hebben.

'Ja, geweldige kerel is het,' zei ik lachend, maar mijn hart huilde, en ik vroeg me af of ik hem al verloren had.

Half januari was het zover, alle weerberichten sloegen alarm, de regens kwamen eraan. Balthazar besloot niet langer te wachten.

De nacht voor zijn vertrek brachten we door op het uiteinde

van een klip, in een hut die we toevallig hadden ontdekt door een steil pad op te klimmen tussen passiebloemen, lavendel en gele bloemen waarvan we de naam niet kenden.

De oceaan bulderde onder ons, zo hevig dat het leek of de golven tot in de hut rolden.

Balthazar speelde een cowboyserenade voor me op z'n Martin: *'There is a place in the world for little girls like you. Now I know that I need you more than you needed me. I love you more than I want to. I didn't know we would burn this bright.'*

'Lang geleden geschreven,' verduidelijkte hij.

Ik vroeg me af voor wie, maar vroeg het niet. Wilde het niet weten.

Ik had moeite om in slaap te vallen door het geraas van de golven. Toen ik eindelijk sliep, droomde ik dat ik aan het volleyballen was op het strand. Een van de speelsters werd geraakt door de bal. Recht in haar hart. Haar borstkas barstte open. Ik keek recht in een diep gat en zag het rauwe vlees, de schakeringen van rood en roze, de blauwe naden. Er stroomden liters bloed uit. Het hele strand kleurde rood. De oceaan ook. Toen kreeg ik een berichtje binnen op mijn gsm. Geschreven in hiërogliefen. De afzender was David Lynch. Ik ontcijferde de boodschap: 'Dit is wat er gebeurt als je je hart opent voor iemand.'

Toen ik wakker werd, barstte de hemel open en de regens daalden neer.

'Wanna come hang out with me in Orange County?' vroeg Balthazar terwijl hij zijn koffer dichtmaakte.

Hang out, wat hield ik van die uitdrukking.

'Misschien,' zei ik.

'Je hebt een uur om te beslissen.'

VIJGENBOMEN EN SINAASAPPELBOMEN

Ik had de tijd niet een telefoon te vinden om naar Anabel in Hollywood te bellen en haar te vragen haar orakel voor me te raadplegen. Zodra Balthazar me de rug had toegekeerd, gooide ik een muntstuk op. Ik vergat te beslissen waar kop voor stond en waar munt voor stond.

'Wanneer vertrekken we?' riep ik hem na.

Orange County was de laatste plek op aarde waar ik ooit heen had willen gaan. Niemand wilde naar O.C. O.C. was lelijk en onhip. Maar Balthazar woonde in O.C. en deelde er een houten bungalow vol tweedehandsgitaren, oude elpees, zelfgemaakte beeldhouwwerken, Mexicaanse gebedskaarsen, prenten van engelen, Hawaïaanse schilderijen en jarenvijftigmeubilair met zijn kat Zeus en met U.B., Urijah Boris, die IJslands studeerde, eruitzag als een engel en zong in Balthazars swingjazzsurfrockgarageband.

In de tuin stonden vijgen- en sinaasappelbomen, palmen en een rieten Hawaïaanse tikibar die Balthazar zelf had getimmerd en die 's nachts met rood-geel-groene gloeilampen was verlicht.

U.B. was ontzettend aardig en noemde me *'little Dutch thing'* en *'a cool chick with a hot ass'*, zo had niemand me ooit omschreven, en Balthazar hing een foto van me op de koelkast, naakt, op de rug gezien, gezeten op de brug over Dancing Creek. Ik had niet gedacht ooit naakt op een koelkast in Orange County terecht te komen.

Tot mijn verbazing begon ik al snel van Orange County te houden. Ik bleef opgetogen over de sinaasappelbomen, de zon, de eeuwig blauwe lucht, de hete Santa Ana, de surreële aanblik van de uitgestrekte winkelcentra en industrieterreinen met palmbomen op de voorgrond en erachter besneeuwde bergtoppen.

Ik at vijgen en sinaasappels uit Balthazars tuin, en artisjokken zo van het veld, en ging elke dag naar de Mexicaanse supermarkt waar vrolijke mariachi uit de boxen knalde. Voor het eerst in mijn leven speelde ik huisvrouw en ik vond het geweldig. Ik kookte voor Balthazar en U.B. en las en tekende en schilderde en wandelde veel, wat niemand begreep, zelfs Balthazar niet, want waarom zou je wandelen, ik kon toch ook de auto gebruiken, zijn champagnekleurige BMW uit 1985 of zijn witte Engelse convertible uit 1974?

Balthazar leerde me popcorn maken met hete cajunkruiden en pannenkoeken met banaan en bosbessen en taco's met gegrilde vis, chilipepers, limoen en verse koriander. Hij leerde me barbecueën en Cadillac-margarita's mixen en *white russians* en nam me mee achter op zijn motor naar Disneyland. Samen schuimden we alle vintagewinkels in O.C. af. Hij kocht hoedjes voor me en oranje rokken en vintage motorjacks en topjes met engelen en bloemen en ook Kamasutra-liefdesolie en honingpoeder dat hij met een grote zachte kwast over mijn lichaam stoof en er vervolgens weer af hapte en af likte. We namen lange hete baden bij kaarslicht en masseerden elkaar met Hawaïaanse kokosolie. Hij nam me mee uit zeilen op de Stille Oceaan en skiën op Mammoth Mountain, ooit gingen we zelfs zeilen en skiën op één en dezelfde dag.

Hij keek me altijd recht in de ogen bij het vrijen en noemde me 'Wild Flower' en lakte mijn teennagels in de kleur van wilde seringen en moedigde me aan kleurrijke kleren te dragen.

Ik dacht vaak: de dag dat hij uit mijn leven verdwijnt, zal tenminste dat overblijven, de permissie om kleurrijke kleren te dragen. Dat is toch heel wat, vond ik.

'Je bent zo oppervlakkig bezig! Je lijkt de Great Gatsby wel, die kreeg ook een kick bij het zien van zijn stapeltjes kleurrijke hemden!' bekritiseerde Josh me in die dagen vanuit Genève. 'Wat jij liefde noemt, is pure merkidentificatie. Je kiest een man als ornament voor je ego. Jij probeert jezelf te valideren door compulsieve consumptie in de liefde.'

Hij was gewoon jaloers, volgens mij.

'Een kunstenaar? Hannah, wanneer ga je je nou eens settelen met een serieuze kerel,' gilde Saskia dan weer. 'Het leven is zo onvoorspelbaar. Zoek tenminste een voorspelbare vent.'

Ze had zelf haar boekhouder intussen ingeruild voor haar huisarts.

En toen ik haar een bezoek bracht in de Angels' Inn, begon zelfs Anabel te preken: 'Hannah, denk je wel eens na over hoe jij je nuttig zou kunnen maken voor de mensheid?'

Ze voerde me biotoast van gekiemd lijnzaad, wortelen, selderij, groene ui en kristalzout uit de Himalaya. Ze at geen muffins meer, alleen nog gezonde dingen, en ze kauwde elke hap zeventig keer.

'Denk je wel eens na over hoe je zin kan geven aan je leven, over wat jouw bijdrage is aan de samenleving?' vroeg ze me.

Omdat zij nu net was gestopt met bikinidansen en zich had gestort op een 'stedelijk permacultuurproject'. Ze ging fruit plukken bij mensen in L.A. die het te druk hadden om zelf hun boom te plukken. In haar fetishgirloutfitje. 'We verkopen het fruit op de markt en de opbrengst gaat naar daklozen.'

Ze organiseerde ook wijkprojecten om mensen in dezelfde straat ervan te overtuigen aankopen als boren en grasmaaiers en wasmachines en uiteindelijk zelfs auto's en huizen gezamenlijk te doen.

'Maar mensen hebben graag hun eigen bezittingen, om zich veilig te voelen,' wist ik, en ik dacht aan Sas en mijn ouders en tante Emmie.

'We moeten materiële zekerheden vervangen door de zekerheid van veilige en betrouwbare intermenselijke relaties,' bezwoer Anabel. 'Denk daar maar eens over na.'

'Zekerheid is sowieso een illusie,' wist ik.

Toen ik weer vertrok maakte ik nog even een omweg langs de vintagewinkel op Melrose Avenue, waar ik een nauwsluitend hemelsblauw polyesterhemdje uit de jaren zeventig met witte madeliefjes kocht en een groenleren pilotenjack.

Ik begreep niet waarom iedereen kritiek op me had. Trouwens, Balthazar was heel diep, vond ik. Hij sprak vaak over Great Spirit van de indianen en benadrukte dat alles en iedereen met elkaar verbonden is, ook al zie je dat niet meteen: *'We're all connected, baby,'* zei hij dan.

Hij leerde me dat ik vertrouwen moest hebben in het onbekende en niet moest verwachten dat het leven verliep volgens een rechte lijn waarin alles zwart of wit was. 'Het leven hoort een zigzagpad vol paradoxen te zijn, schatje.'

En soms zuchtte hij: 'Ah, als we nu eens louter geest konden zijn.'

Balthazar had veel opdrachten voor beeldhouwwerken en ik zaagde planken voor hem en smeedde bronzen bollen en een paar maanden lang hielp ik hem met een lasbril op mijn neus een gigantisch vliegtuigwrak in stukken te zagen voor een groots project dat ergens tegen de gevel van een filmstudio in Burbank terechtkwam.

'We zijn geen stel,' bleven we zeggen, 'alleen maar vrienden, vrienden die de liefde bedrijven.' En de dagen kabbelden voort in Orange County als het water in Dancing Creek en elke ochtend begon ik de dag met een bosbessenmuffin onder een palmboom in de zon en ik dacht dat het leven altijd zo zou zijn, ik muffins etend onder een palmboom in de zon.

ZWEET

En toen, bijna anderhalf jaar later, op een vroege ochtend in juni, terwijl ik nog steeds huisvrouw speelde in Orange County en Balthazar en U.B. weg waren om op te treden op een festival een paar honderd kilometer verder in de woestijn en buiten de Santa Ana door de straten raasde en ontembare branden veroorzaakte, vond ik tijdens het stofzuigen Balthazars dagboek onder zijn bed.

Ik twijfelde even, maar het was sterker dan ikzelf.

'Ik hou van Hannah,' las ik, 'maar ik wil iemand die jonger is dan zij, en zo mooi dat ik elke dag opnieuw Great Spirit bedank voor haar schoonheid.'

Ik wist niet of ik moest lachen of wenen. Ik was tien jaar jonger dan hij.

Verder las ik: 'Een helderziende heeft me voorspeld dat er ergens een soulmate voor me rondloopt.'

Een fucking soulmate! Waar haalde hij het vandaan? En trouwens, welke man van veertig houdt een dagboek bij?

Hij heeft een probleem, concludeerde ik.

En: ik wil geen man die mij niet wil.

Ik propte mijn hele hebben en houden in mijn rugzak en stapte op de trein naar L.A. zonder een briefje achter te laten. Ik wilde weer bij Anabel in de Angels' Inn gaan wonen.

Maar toen ik aankwam in L.A., en tussen de *bailbond stores* en de liquor stores en de *paycheck advance stores* de uithangborden van de helderzienden en de tarotlezers zag hangen, dacht ik: in Rome moet je doen zoals de Romeinen, en ik klopte aan bij een helderziende.

Zana Douref, heette ze. Ze vroeg vijftien dollar voor een kwartier. Vooraf te betalen. Meer geld had ik niet. Ze zat achter een houten tafeltje met gekrulde poten in een kamertje zonder ramen waarvan de muren en het plafond donkerblauw waren geschilderd, bezaaid met honderden sterren. Ze had een stralende bruine huid en lachrimpeltjes rond haar ogen. Ze droeg een witte wikkeljurk met geborduurde crèmekleurige bloemen. Ze had kort grijs haar en leek gewoon heel nuchter en sympathiek.

De tarotkaarten die ze gebruikte waren lichtgroen met zilveren spiralen op de achterkant. Ze schudde het dek minutenlang en vroeg me twaalf kaarten te kiezen en omgedraaid op tafel te leggen. Het was een Perzisch zigeunerdek. Ik herinner me dat er een tijger tussen zat en een diamant. Minutenlang bleef ze naar de kaarten staren.

'Je moet je eigen geluk creëren,' zei ze uiteindelijk, en stak de kaarten terug in hun doosje.

Ik was vreselijk teleurgesteld.

Daarop haalde ze een glazen bol tevoorschijn. Ze keek erin, van boven, van voren en langs de zijkanten.

'Je moet in de liefde nooit verder gaan dan halverwege,' orakelde ze. 'Als de ander je daar niet tegemoetkomt, moet je rechtsomkeert maken, anders gooi je jezelf weg.'

Ik was opnieuw teleurgesteld. 'Ziet u niets over de toekomst?' onderbrak ik haar.

Ze staarde weer in de bol.

'De toekomst ligt niet vast. Wat ik je wel kan zeggen, is dat je als je je hart in toom leert houden en alle vormen van begeerte en zelfmedelijden overwint en emotioneel op niemand leunt, automatisch liefde zal aantrekken.'

Ik begreep niet precies wat ze bedoelde en even overwoog ik mijn geld terug te vragen. Maar uiteindelijk noteerde ik haar woorden op de achterkant van mijn treinticket, dat ik altijd heb gehouden en dat nu ingelijst aan de muur van mijn woonkamer hangt, en besloot de trein terug te nemen naar Orange County.

Ik had net mijn spullen weer uitgeladen toen Balthazar en U.B. terugkwamen van het festival. Ik was er nog niet uit of ik me nu gewoon afstandelijk of openlijk agressief moest gedragen, toen Balthazar me begroette in zijn gele cowboyhemd met gouddraad, zijn luipaardhoed, zijn zwartleren broek, besmeurd en bezweet van drie dagen woestijn.

Meteen rolden er golven van vreugde door mijn lichaam. Mijn hart en mijn lichaam sprongen wakker en ik kon niet ophouden hem aan te raken, hem te kussen in de woonkamer, in de keuken, in de badkamer, in de gang.

Het kon me niet meer schelen dat hij iemand anders wilde. Ik wilde hem, daar en meteen. Het moet de geur van zijn zweet geweest zijn, besefte ik achteraf.

Het eindigde met een wilde liefdessessie in zijn bed, tussen de Mexicaanse gebedskaarsen en de prenten van engelen op de muren, met Hawaïaanse gitaarmuziek op de oude platenspeler. Hij hield alleen zijn hoed op. Toen ik opkeek zag ik onze schaduwen op de muur en het luipaarmotief tussen mijn benen. De ongesneden turkoois die aan een leren koordje om zijn hals hing, rustte op mijn onderbuik.

HET BUSSTATION VAN KING CITY

Ik begreep niet waarom Balthazar me niet vroeg om weg te gaan. Hij bracht het onderwerp nooit ter sprake. Gaf zelfs geen hints. Ik wist niet wat ik moest doen. Sinds ik zijn dagboek had gelezen, voelde het vernederend om te blijven. En tegelijkertijd wilde ik niet vertrekken, het was zo leuk bij hem.

Ik besloot Santosh te bellen in Big Sur.

'Je bent altijd welkom in mijn keuken!' riep die.

Please, Great Spirit, als U bestaat, help me dan en leid me, bad ik stiekem.

Balthazar bracht me naar het busstation in L.A.

'Bye baby, bel me,' zei hij nog.

Ik moest die nacht om twee uur de bus nemen. Tot Salinas, en dan nog twee keer overstappen. Om één uur 's middags zou ik in Carmel aankomen, zestig kilometer ten noorden van Big Sur. En dan moest ik liftend weer afdalen. Het was een grote omweg, maar openbaar vervoer naar Big Sur zelf was er niet.

Om halfnegen 's ochtends rolden we het busstation van King City binnen. 'Jullie krijgen een halfuur om te ontbijten,' riep de buschauffeur door de microfoon.

Iedereen stond op.

'Sorry, nog even wachten,' zei de buschauffeur plots. 'De grenswachtpolitie wil een routinecontrole doen.'

Holy cow, dacht ik.

Iedereen ging weer zitten. Ik zag twee agenten van de *border patrol* verschijnen. Een knappe jonge Aziaat en een dikke, oudere blanke die er een beetje afgepeigerd uitzag. Ze droegen olijfgroene uniformen. Zwartleren riemen met koperen gespen.

De jonge Aziaat bleef bij de deur staan.

De blanke trad naar voren. 'Dames en heren, mag ik u vragen uw identiteitsbewijzen klaar te houden.'

Ik was al drie jaar een illegale immigrant. Bovendien wist ik niet waar mijn paspoort was. In een koffer die ik in Big Sur had laten staan, of in een reistas bij Anabel in de Angels' Inn, of in mijn grote rugzak bij Balthazar?

'Uw identiteitsbewijs, mevrouw,' beval de blanke agent me een paar minuten later.

Alles ging zo snel dat ik geen tijd had om iets te voelen of te denken.

'Sorry, meneer, maar ik ben mijn paspoort vergeten in mijn hotel. Ik heb alleen mijn internationaal rijbewijs bij me.'

'En waar komt u vandaan?'

'Uit Nederland.'

'En hoe lang bent u al in het land?'

'Een paar weekjes.'

'En wat doet u hier?'

'Vakantie, vrienden bezoeken.'

'Mag ik uw rijbewijs zien, en uw busticket, alstublieft.'

Ik gaf hem mijn rijbewijs en mijn busticket naar Carmel. Hij ging ermee naar de agent bij de deur.

Ik zag ze een moment met elkaar overleggen.

Toen schreed de jonge Aziaat naar me toe. Met rasse pas en zwaaiende heupen. Ik zag de revolver blinken in zijn riem.

'Nou, mevrouw, ik deel u hierbij mede dat u in overtreding bent van de wet. U moet altijd uw paspoort bij u hebben.'

Ik staarde naar de bruine letters BORDER PATROL op zijn olijf-groene pet.

'Het spijt me vreselijk, meneer.'

'Maar laten we zeggen dat ik het voor een Nederlandse toeris-te wel één keer door de vingers wil zien.'

Holy fucking cow, dacht ik, toen de twee met zwaaiende heupen van de bus sprongen.

'Jullie hebben nog een kwartier om te ontbijten voor we weer verder rijden,' riep de buschauffeur door de microfoon.

'Een koffie en een muffin graag,' fluisterde ik tegen de man achter het stationsbuffet. Mijn stemde was onvast en mijn vingers trilden. Mijn hart was zo tekeergegaan dat het voelde alsof het een gat in mijn maag had geslagen.

Holy fucking cow, dacht ik steeds maar, terwijl ik mijn koffie opslurpte en mijn muffin oppeuzelde.

Ik bestelde nog een koffie, en nog een tweede muffin ook. Na mijn derde koffie pakte ik mijn tas en liep naar buiten om de bus te zoeken.

Ik zag het zwarte asfalt en de witte tegelmuren van het station. Een treurwilg, een autobandenspeciaalzaak, een dansschool aan de overkant van de lege straat. Maar de bus zag ik niet. De bus was verdwenen. 'Waar staat de bus naar Salinas, meneer?' vroeg ik aan een man in een overall.

'Die is drie minuten geleden vertrokken, juffrouw.'

Toch kon mijn dag niet meer stuk. Ik was aan de border patrol ontsnapt! Ik lift naar de kustweg, dacht ik, gewoon dwars door het Santa-Luciagebergte heen. Dan kom ik midden in Big Sur aan. Dat was zelfs stukken sneller dan via Salinas en Carmel.

Ik nam mijn reistas en vertrok te voet naar de snelweg.

'Hé meisje, waar ga je heen?' riep een kaalgeschoren kerel met een getatoeëerde draak op zijn arm.

'Naar Highway 1.'

'Dat is een eindje. Moet ik je helpen dragen?' vroeg hij.

Waarom niet, dacht ik.

We liepen samen in de zon, over de met onkruid overwoekerde stoep. Hij sprak over zijn tatoeage en ik over de mijne. Ik zette net mijn tas even neer om hem het teken op mijn heiligbeen te tonen, toen ik achter ons een auto met gierende banden hoorde remmen.

Ik draaide me om.

Het was een auto van de border patrol. Een auto van de border patrol met luid loeiende sirene. Een auto van de border patrol met een zwaailicht. Een auto van de border patrol waaruit twee mannen sprongen, revolvers in de aanslag. Een knappe jonge Aziatische agent en een dikke blanke.

DE SAN LUIS OBISPO COUNTY JAIL

Dit moet een droom zijn, dacht ik alsmaar, tijdens de hele rit langs de Stille Oceaan, op de achterbank van de patrouillewagen. Ik word wakker, herhaalde ik tegen mezelf, en zal dan aan Anabel en Josh en Balthazar en Sas vertellen dat ik droomde dat ik werd gearresteerd door de border patrol, omdat ze in hun computersysteem hadden ontdekt dat mijn visumwaiver was verlopen.

Maar ik werd niet wakker, en we reden gestadig verder door de dorre heuvels van San Luis Obispo County. Het leek wel een maanlandschap. De palmbomen waren volledig misplaatst.

De twee mannen zaten tegen elkaar te klagen over de prijzen van benzine en mineraalwater. De dikke blanke zat achter het stuur. Hij sprak de ander aan met 'boss' en gaf hem tips over vakantiehuisjes.

De boss spuwde herhaaldelijk op zijn vingers en bracht met het speeksel zijn wenkbrauwen in model in de spiegel.

De blanke tikte een nummer in op zijn gsm.

'We're arriving to book a female,' hoorde ik hem zeggen.

Dat zinnetje moet ik onthouden, dacht ik.

Ik vroeg naar mijn handtas, om mijn make-up bij te werken.

'No make-up in jail,' antwoordde de boss.

Bij de ingang van de moderne San Luis Obispo County Jail moest ik mijn sieraden afgeven. Neuspiercing incluis. Ik mocht geen spiegel gebruiken. Het duurde een kwartier eer ik erin slaagde het robijntje uit mijn neus te verwijderen.

'Charmant,' becommentarieerde een vrouwelijke cipier. 'Ik wed dat ze nog nooit zo lang publiekelijk in haar neus heeft gepeuterd.'

Ze nam mijn vingerafdrukken, en een foto, en dumpte me in een lege, betonnen cel.

Het was er koud. Ik vroeg om mijn truitje.

'*No sweaters in jail,*' antwoordde de cipier.

Het past allemaal in een kosmisch plan, zou Anabel zeggen, herhaalde ik tegen mezelf. Ik deed sit-ups op de koude vloer omdat ik niets anders kon bedenken.

'*Fuck you bastards, fuck you!*' riep een vrouw in de cel naast de mijne.

Toen wist ik wel heel zeker dat ik niet aan het dromen was.

Twee uur later kreeg ik mijn gevangenisplunje. Oranje hemd, rode broek. Oranje-rood, mijn favoriete combinatie, geleerd van Balthazar. En verder: witte sokken, bruine plastic sandalen, zelfs een witte gevangenisbeha.

Daarop bracht de cipier me naar een slaapzaal, verlicht met tl's. Geen ramen. Dertien vrouwen rond een televisie geschaard. Ik was doodsbang dat deze dames tot een gang behoorden en gemeen zouden doen.

Ik ontweek hun blikken. Paradeerde naar de telefoon, voor een collect call naar Balthazar.

'Baby!' riep hij toen ik hem vertelde waar ik was. 'M'n bajesvriendinnetje!'

Mijn hart maakte een sprongetje. Balthazar noemde me zijn vriendínnetje!

'Ze hebben gezegd dat ze me morgen gaan deporteren!' snikte ik. 'Volgende keer dat je me hoort ben ik terug in Nederland!'

'Oh baby! Maar dan vlieg je toch gewoon naar Mexico? Dan smokkel ik je Californië weer binnen!'

Ik kon het me helemaal voorstellen: ik in de kofferbak van Balthazars champagnekleurige sportwagen uit 1985 waarvan de portiersloten niet werkten en de achterlichten haperden, de Mexicaanse grens over.

Ik lachte door mijn tranen heen.

'Jouw thuis is hier,' huilde Balthazar, en ik huilde ook: 'Mijn thuis is hier.' En toen werd de verbinding verbroken.

De meisjes hadden me intussen omsingeld.

Nu gaat het komen, dacht ik, en ik zette me schrap.

Ik probeerde er zo stoer mogelijk uit te zien. Deed alsof ik hen niet zag. Begon mijn bed op te maken.

De meisjes kwamen dichterbij.

Eentje stapte naar voren.

Mijn maaginhoud steeg naar mijn keel.

'Hier schatje, veeg je tranen af,' zei ze. En ze gaf me een rol toiletpapier.

'Ik zal voor je bidden,' fluisterde een ander meisje. 'Zodat je in dit land kan blijven.'

'Ik ga mijn pa voor je bellen,' bood een derde aan. 'Hij weet alles over visums.'

Ze vertelden me hun eigen verhalen. Ze zaten er voor twee tot zes maanden, bijna allemaal in verband met marihuana en am-fetamines. Eentje omdat ze stomdronken naakt in een hotel had rondgelopen. Hun vriendjes en echtgenoten zaten ook bijna al-lemaal vast, in de mannengevangenis aan de overkant.

Later die avond somden ze lijstjes op van wat ze het meeste misten: hun kinderen, goede koffie, ijsjes, karamelpopcorn, ham-burgers, bier, bodylotion, seks.

Ik keek toe hoe ze elkaars haar kamden. Ze zorgden goed voor elkaar. En ze zorgden goed voor mij. Ik sliep als een roos die nacht, boven op mijn smalle stapelbed.

DE ZEEOLIFANTEN VOORBIJ CAMBRIA

Om zes uur 's ochtends kregen we ontbijt. Havermout, gebakken aardappelen, een ei, een sinaasappel, een stuk cake. Ik was uitgehongerd. Alleen de koffie smaakte voor geen meter.

Om zeven uur kwam de blanke agent van de dag ervoor me oppikken. Ik vertikte het hem aan te kijken. De meisjes wuifden me uit.

Op de achterbank van de patrouillewagen zat een Mexicaan, zo uit Mexico City. Hij vertelde dat het zijn eerste poging was de grens over te steken.

'Ik ga het opnieuw proberen,' fluisterde hij.

Zodra we arriveerden op het hoofdkwartier van de border patrol, werd de Mexicaan achter tralies gezet. Ik niet.

'Geef me het telefoonnummer van die vriend van je!' bulderde de Aziatische agent van achter zijn bureau me toe.

Ik schoot in paniek. Had ik hem tijdens de ondervraging verteld dat ik bij Balthazar vandaan kwam? Of had hij mijn telefoontje met Balthazar afgeluisterd, over ons Mexicaanse reddingsplan?

Hij draaide Balthazars nummer.

'Terence Yoo van de border patrol in King City,' hoorde ik hem zeggen. 'Nederlandse toeristen die hun visumwaiver overschrijden behoren niet tot de prioriteiten van de rechter. Als je haar komt ophalen, laten we haar gaan. We zullen haar dossier later dit jaar behandelen.'

Ik weigerde Terence Yoo te tonen hoe opgelucht ik was.

Hij haalde een stapeltje documenten tevoorschijn en begon me opnieuw te ondervragen.

'Heb je een tatoeage?' wilde hij weten.

'Ja.'

'Waarom heb je dat tijdens het verhoor gisteren niet gezegd?'

'Uw collega vroeg alleen naar littekens en moedervlekken.'

'O meisje, nu maak ik een slechte beurt,' mopperde de dikke.

'Wat voor tatoeage, en waar?'

'Een *yantra* op mijn sacrum.'

'Een wat op je wat?'

Ik wilde mijn onderrug ontbloten, maar Terence keek gegeneerd op en zei snel: 'Nee, nee, laat maar.'

Hij verliet het vertrek voor een paar minuten. Intussen nam de andere agent nog eens mijn vingerafdrukken en mijn foto.

'Ze gaan lachen op de rechtbank,' zei hij. 'Je staat er een beetje dwaas op.'

Terence kwam weer binnen met een hete burrito in zijn hand. Hij pakte hem zorgvuldig uit en gaf hem aan mij. Daarop zette hij het kruisverhoor voort.

'Zo, dus jij wandelt rond met tarotkaarten in je tas.'

Van Anabel gekregen met Kerstmis.

Terence keek zo ernstig dat ik geen hap van mijn burrito durfde te nemen.

'Mijn collega vertelde het me. Hij doorzocht je reistas gisteren. Toen we je met die getatoeëerde kerel zagen lopen, terwijl we wisten dat je een ticket had naar Carmel, dachten we namelijk dat je drugs smokkelde.'

Opeens besefte ik dat hij, als hij die tarotkaarten had gevonden, ook de print van Saskia's e-mail moest hebben gezien, de eerste mail die ze me ooit stuurde, waarin ze een artikel had ge-kopieerd over blowjobtechnieken.

Ik keek naar mijn schoenen en grinnikte.

Terence pauzeerde even. Toen keek hij me met een indringen-de blik aan en riep: 'Tarotkaarten zijn des duivels!'

'Is dat zo?' Ik kon geen ander antwoord bedenken.

'Nou,' Terence aarzelde even, 'van God komen ze zeker niet!' Hij lachte voor het eerst een rij perfecte witte tanden bloot.

Maar hij was nog niet klaar.

'Zo, betekent dat dan dat je in energie gelooft?' ging-ie verder.

Daar had ik tot dusver nooit over nagedacht.

'Ik veronderstel dat ik opensta voor de idee.'

'Dat is verkeerd...'

Ik kon zien dat hij het meende.

'... maar ik zal het niet tegen je gebruiken in de rechtbank!' Hij lachte weer.

Toen begon hij de glorie van de Heer te bezingen en de vreug-de van naar de mis gaan en at ik mijn burrito op.

Drie uur later haalde Balthazar me op bij een fastfoodrestaurant in King City. Ik had net bananenpannenkoeken gegeten met ahornsiroop. Mijn derde ontbijt van de dag.

'Dag bajesliefje van me,' groette hij me.

We reden westwaarts, naar de oceaan. Pauzeerden net voorbij Cambria om naar de zeeolifanten te kijken. Ze waren zo groot en lagen zo stil dat ik aanvankelijk dacht dat het rotsblokken waren. De zon scheen, heet en stralend. De hemel was strakblauw en wijd open.

Balthazar greep m'n hand en we renden over het strand, naar de zon, en ik dacht aan de meisjes in de San Luis Obispo Coun-ty Jail en stuurde hun wat positieve energie.

WAT WAAR IS, VERANDERT DE HELE TIJD

Een paar weken na mijn verblijf in de gevangenis zaten we op Balthazars olijfgroene suède bank. Naast ons stond een door hem gebeeldhouwde juichende bronzen boeddha. Er kwam een vliegtuig uit Boeddha's borstkas.

'Goeie reis,' zuchtte Balthazar, en hij legde een driehoekig pilletje op mijn tong.

Hij had het van zijn psychotherapeute, een vijfenzestigjarige vrouw die tot een circuit van Californische undergroundtherapeuten behoorde die nu en dan ecstasysessies voorschreven. Aan stellen bijvoorbeeld. Om beter te leren communiceren, recht vanuit het hart.

Drie kwartier later voelden we allebei tegelijk een rush door ons hoofd gaan en door ons lijf.

'Wow,' zuchtten we simultaan.

We besloten een wandeling te maken. De zon was net ondergegaan. Een oranje lint scheidde de turkooizen hemel van de zwart geworden Stille Oceaan. Venus verscheen aan de horizon.

We gingen naar het park. Ik voelde me alsof ik op wolken liep.

'Het is vollemaan in het teken van de Waterman,' wist ik. 'En een maansverduistering ook.' Ik had geen flauw benul wat het betekende, Anabel had het me verteld.

Op het grasveld lag een in stukken gevallen kopie van de David van Michelangelo. We klommen over zijn gezicht. Kusten zijn lichaam. Rolden in het gras. Klauterden over het hoge hek naar de botanische tuin. Zaten in de top van een baobab.

Later raakten we op het strand verzeild. De maan verdween. De tijd ook. Ik was verbluft door Balthazars schoonheid. Voelde me alsof het voor de eerste keer was dat ik hem volledig, totaal, geheel onzelfzuchtig beminde.

Toen de maan terug was, belandden we tussen de wijnrode lakens van Balthazars bed. De engelen op de muren dansten in het kaarslicht.

'Wij komen van de zwijgzame stammen,' zuchtte Balthazar de volgende ochtend.

We waren net wakker en lagen nog in bed. Door de witte latjes van de rolgordijntjes zag ik de palmbomen bewegen in de wind. Uit de kleine wekkerradio op het zwarte nachtkastje klonk rumbamuziek uit de jaren veertig.

'Jij komt van de zwijgzame stammen,' corrigeerde ik hem.

'Ik kom van de zwijgzame stammen. Maar er is iets wat ik wil zeggen.'

Mijn adem stokte. Ik wist dat het iets was wat ik niet wil horen.

'Niet zeggen,' bezwoer ik hem.

'Ik moet de waarheid zeggen.'

'Wat waar is, verandert de hele tijd,' wist ik.

'Hmm... misschien. Maar ik moet zeggen wat nu waar is, hier, op dit moment, voor mij.'

'Niet doen!' probeerde ik nog.

Tevergeefs.

'Ik wil andere vrouwen daten.'

So what? dacht ik. Ik wist het toch al. En we waren geen echt stel, hadden we afgesproken, anderhalf jaar geleden. Alleen minnaars. Of vrienden, die elkaar orgasmes bezorgen. Ik zweeg.

'Ik denk dat er iemand anders voor me rondloopt,' voegde Balthazar eraan toe. Zijn stem klonk nu luid en duidelijk.

Mijn hart viel in stukken en brokken uiteen. Zoals David op het grasveld. Ik voelde het crashen. Bloeden. Schreeuwen.

'Ik wil je geen pijn doen,' fluisterde Balthazar.

Fuck you, Balthazar, dacht ik. Maar ik zei het niet.

Ik dwong mezelf rustig adem te halen. Ging rechtop zitten.

Zei kalm: 'Je kan me geen pijn doen.'

Ik aarzelde voor ik het herhaalde. Wilde bij mezelf checken of dat waar was. Het voelde waar aan. Ik wilde geen man die mij niet wilde.

'Je kan me geen pijn doen,' herhaalde ik.

Daarna vielen we opnieuw in slaap.

Mijn hart voelt als een dood vogeltje, dacht ik toen ik weer wakker werd. Ik kon me niet herinneren waar dat zinnetje vandaan kwam. Misschien had ik het ooit gelezen, in een gedicht of zo, lang geleden.

'Je ziet er zo paars uit vandaag,' vond Balthazar. 'Je hemdje, je lippen. Zelfs je huid is paars vandaag.'

'De kleur van de rouw.'

U.B. begon elektrische gitaar te spelen in de woonkamer. Het geluid sneed door m'n lichaam. Ik voelde een ondraaglijke pijn.

'Waar doet het pijn?' vroeg Balthazar.

Overal. Op mijn hele huid. Door al mijn aders. Ik kon niet ophouden met wenen. Vroeg hem om nog eens met me te vrijen.

'Voor de laatste keer.'

'Geen goed plan.'

'Please.'

Hij deed het. De pijn verdween. Eventjes.

'Nog eens,' smeekte ik wat later. 'Please.'

'Je ziet eruit als een straatschooiertje,' zei hij achteraf.

'Hoe zien straatschooiertjes eruit?'

'Als… als iemand die je in je armen wilt houden.'

Hij hield me in z'n armen. We vielen weer in slaap.

'Please,' fluisterde ik weer, toen ik wenend weer wakker werd.

's Avonds zette hij me af op de stoep voor de Angels' Inn.

'You're a great guy,' formuleerde ik ten afscheid.

'You too,' antwoordde hij. *'You're a great guy.'*

Het was de eerste keer in m'n leven dat iemand me *guy* noemde.

Anabel was taco's aan het opwarmen. Ze leek niet eens verbaasd me daar zo onaangekondigd de keuken te zien binnenvallen. Misschien had ze het gelezen in de sterren.

Ze was in het gezelschap van een mooie jongen die zich voorstelde als Julian, een vuurdanser uit Seattle. Ik had nog nooit een vuurdanser ontmoet.

Anabel schonk me een glas tequila in, met een schijfje limoen erbij.

'Hannah, schatje, wat heb je stralende ogen,' zei Julian.

Ik vroeg me af of dat kwam door alle seks of door al het wenen. Vertelde hun van de ecstasy, van de maansverduistering, van Balthazars schoonheid en van alle pijn.

'En hoe vaak hebben jullie vandaag seks gehad?' wilde Julian weten.

'Telkens als ik "please" zei, deed-ie het,' preciseerde ik.

'Die kerel is oké,' oordeelde Julian.

'Ik had zo gehoopt dat deze relatie nu eens stand zou houden,' kermde ik.

'Lessen in onthechting,' spelde Anabel me de les. 'Je mag genieten van momenten van verbondenheid, maar je mag je er niet aan hechten.'

Mijn hele liefdesleven was één lange, noodgedwongen les in onthechting.

Op een of andere manier belandde ik later die nacht met Julian in bed.

HET KOFFERTJE

De week erop moest ik me op bevel van de King City border patrol melden bij de immigratiedienst in Downtown L.A. Niet ver van de crackhotels, de goedkope groothandeljuweliers en de wolkenkrabbers van Bunker Hill, de wijk van de misdaadverhalen uit de film noir.

Het duurde tien minuten eer ik de ingang van het gigantische, vuilgrijze gebouw vond. Binnen dwaalde ik drie kwartier rond in een labyrint van stoffige gangen, duistere trappen en stilvallende liften, maar uiteindelijk kwam ik bij het kantoor waarnaar Terence Yoo me had doorverwezen. Niemand daar was ook maar ergens van op de hoogte. Ik werd doorgestuurd naar andere afdelingen en doolde van de ene verdieping naar de andere. De persoon die ik zocht, bleek een kale, kleine man met een brilletje en een vlinderdas. Hij droeg een overhemd van beige nylon. Hij zag er moedeloos en depressief uit. Zijn gelaatskleur deed me denken aan havermout. Ik had medelijden met hem. Hij zat achter een vuil, beslagen glazen loket, tussen metershoge stapels paperassen en dossiers.

'De rechter heeft weinig interesse in Nederlandse toeristen die hun visumwaiver laten verlopen,' mompelde hij. 'Die is meer geïnteresseerd in illegale Colombianen en Mexicanen. Als je bereid bent te vertrekken en zelf je ticket naar huis te betalen, hoef je niet voor de rechtbank te verschijnen en zullen we je niet deporteren. Je hoeft je dan alleen maar te melden bij het Amerikaanse consulaat in Den Haag, met dit formulier.'

Hij gaf me een gesloten, verzegelde envelop.

'De consul moet dit ondertekenen en terugfaxen, en dan haal ik je rapport uit de computer. Zodra dit gebeurd is ben je niet langer in overtreding en kan je gewoon het land weer in.'

'Het past allemaal in een goddelijk plan,' verzekerde Anabel me.

'Over een paar maanden ben je weer terug,' troostte Balthazar.

Ik vond mijn paspoort tussen de spinnenwebben onder het bed in kamer 8.

'Ik sta erop je naar de luchthaven te brengen,' zei Anabel, die in haar fetishgirloutfitje op de balie van de Angels' Inn zat.

'Goed, maar mijn laatste nacht ga ik nog eens bij Balthazar slapen in Orange County. Laten we om negen uur afspreken in die pannenkoekentent op Sunset, zodat ik voor een laatste keer bosbessenmuffins kan eten en bananenpannenkoeken met ahornsiroop.'

Ze gaf me alvast haar afscheidscadeau: een fetishgirloutfitje.

'Ik breng je naar de luchthaven,' zei Balthazar terwijl we een laatste Cadillac-margarita dronken onder een palmboom aan de tikibar in zijn tuin.

'Goed, maar mijn laatste nacht wil ik doorbrengen in de Angels' Inn. Laten we om negen uur afspreken in die pannenkoekentent op Sunset, zodat ik voor een laatste keer bosbessenmuffins kan eten en bananenpannenkoeken met ahornsiroop.'

Als afscheidscadeau gaf hij me een ecstasypilletje.

Ik bracht mijn laatste nacht alleen door, in een goedkoop motel op Hollywood Boulevard, en nam een taxi naar de luchthaven. Ik haat afscheid nemen. Bovendien, Balthazar en Anabel moesten elkaar dringend eens onder vier ogen spreken. Ik had het idee dat ze voor elkaar gemaakt waren.

Boven de Atlantische Oceaan viel ik in slaap. Ik droomde dat ik een meisje met een koffertje op een vliegtuig zag stappen in L.A. Het vliegtuig vloog landinwaarts, gevolgd door een pelikaan, die meevloog omdat hij dacht dat de Stille Oceaan meeverhuisde in het koffertje.

Het fetishgirloutfitje dat ik van Anabel kreeg, vergat ik in het vliegtuig. De brief voor de consul ook.

Ik kwam aan op Schiphol met m'n teenslippers aan. Het stortregende.

BRUSSEL

DE CONSUL EN DE ZIN VAN HET LEVEN

'Ik hoop dat je je nu eindelijk gaat voegen,' zuchtte mijn moeder.

'Foei, foei, foei. Ik heb niemand durven zeggen waar je al die jaren hebt gezeten,' verzuchtte tante Emmie. 'En, waren er leuke mannen?' wilde ze toch weten.

Gelukkig onderbrak mijn vader haar. 'Hoe was het weer ginder?'

De details van de reden van mijn terugkeer heb ik hun nooit verteld.

De dag na mijn aankomst in Nederland kwam de regen nog steeds met bakken uit de hemel. Ik nam de trein naar Den Haag en staarde uit het raam. Ik zag de keurig geordende weiden, de koeien, de woonblokken, de rijtjeshuizen, de kerkjes, de fietsen, de paraplu's, en voelde me draaierig en misselijk. Mijn ogen zochten de horizon, maar vonden hem niet.

Bevend ging ik het Amerikaanse consulaat binnen. De norse kerel van drie jaar daarvoor had plaatsgemaakt voor een knappe, vriendelijke, jonge consul. Hij droeg een perfect gestreken hemd en een gele das.

Ik legde hem stotterend uit dat ik een brief had meegekregen van een ambtenaar van de immigratiedienst in Los Angeles, en dat ik de brief in het vliegtuig had laten liggen.

Ik wist dat ik eruitzag als een kikker, met mijn doorweekte kop en de bange blik in mijn ogen.

'Meisje, ik kan echt niets voor je doen zonder die brief van de immigratiedienst. Ik kan je niet uit het computersysteem halen.'

'Wat zegt het computersysteem?'

'In het computersysteem sta je als gedeporteerd geregistreerd, omdat je het land hebt verlaten zonder voor de rechter te verschijnen.'

'En wat zijn daarvan de consequenties, meneer?'

'Dat je tien jaar het land niet in mag.'

Ik werd opgeslorpt door een groot zwart gat. Greep de rand van het loket waarachter de consul zat.

Hij leek het even erg te vinden als ik. Keek volledig bedremmeld. Hij was zo vriendelijk en zo knap en zo snoezig. Hij zag eruit als een Britse popzanger, ondanks zijn hemd en zijn das.

'Herinner je je de naam van die ambtenaar?'

'Nee, meneer.'

'En welk departement van de immigratiedienst was het?'

'Ben ik vergeten, meneer.'

'Op welke verdieping was het?'

'Ergens tussen de twaalfde en de zevenentwintigste.'

Ik belde tientallen keren naar de luchtvaartmaatschappij om te vragen of ze de brief hadden gevonden, maar tevergeefs. En bij de immigratiedienst in L.A. kon of wou niemand me helpen.

'We hebben afgelopen weekend een computercrash gehad en een hoop gegevens zijn verloren geraakt,' beweerde degene die ik aan de lijn kreeg.

'Voor alle informatie en diensten moet je je ter plekke melden,' snauwde een ander.

'Eergisteren is er een man met een brilletje uit het raam gesprongen,' dacht nog iemand te weten.

Ik keerde huilend terug naar de knappe consul.

'Er is iets wat ik voor je kan doen,' zei hij glimlachend. 'In het politierapport staat dat je "drie" je visumwaiver hebt overschreden. De King City border patrol is vergeten er "jaar" bij te zetten. Wat mij betreft maken we er drie "dagen" van. Dan mag je al over drie jaar het land weer binnen, in plaats van over tien jaar.'

Ik wist niet of ik moest lachen of huilen. Drie jaar! Drie verschrikkelijke lange jaren! En de consul was zo mooi. Trouw met me, dacht ik, trouw met me en ik zal je hemden strijken en je blinddoeken met je das en je de melkweg tonen in Big Sur.

'Over drie jaar zal ik je met veel plezier een visum geven,' fluisterde de mooie jonge consul.

Ik zag dat hij een trouwring droeg.

'Alles wat op je pad komt, is precies wat je nodig hebt voor de ontwikkeling van je ziel,' mailde Santosh me.

'Niets duurt eeuwig in het leven en ook dit zal voorbijgaan,' zei Anabel.

'Vertrouw het zigzagpad van de kosmos,' herinnerde Balthazar me.

Anabel en Balthazar waren aan het daten nu. Zo had mijn hele verblijf in Californië in elk geval tot iets waardevols geleid.

Saskia was intussen verwikkeld in een agressieve echtscheiding. Ze kreeg elke maand een fikse som geld van Gerald, die nu iets belangrijks deed in de politiek, en omdat ze een kind had, leek niemand haar ooit te vragen wat ze verder wilde doen met haar leven. Ze ging nog steeds uit met haar huisarts en had besloten dat de zin van het leven te vinden was in pensioensparen, hypothecaire leningen en de juiste tint gordijnen.

'Nu ben je tenminste hier voor mijn bruiloft,' zei Josh enthousiast. Hij ging trouwen met zijn Zwitserse. 'Max komt ook. Hij is mijn getuige.'

Over die kerel ben ik heen, dacht ik. Nog iets waardevols waartoe mijn verblijf in Californië had geleid.

'Z'n vrouw en z'n zoontje komen niet mee,' lichtte Josh nog toe. 'Ze moet me nog steeds niet. En ik haar niet.' Dat deed me heimelijk nog steeds goed.

DVOŘÁK OP HET GRASVELD

Het trouwfeest van Josh vond plaats in Genève. In een roodbruin landhuis met donkere klimop, zwarte balken en een labyrint van hagen en rozenstruiken. Het lag pal aan het meer, dat bezaaid was met witte zeilboten.

Het was een snikhete zaterdag begin september. In de trein werd de maximumtemperatuur voor transport van slachtvee ruimschoots overschreden. Een vioolkwartet speelde Dvořák op het grasveld.

Josh droeg voor het eerst in zijn leven een jacquet en zag er voor het eerst in zijn leven gelukkig uit. Ik had er het volste vertrouwen in dat hij in goede handen was bij zijn nuchtere Zwitserse bankierster.

Ik ontwaarde Max al van ver, te midden van een groepje oude vrienden en bekenden op het grasveld. Ze hielden allemaal een glas champagne vast. Max droeg een zwarte smoking en zag er verder nog precies zo uit als vroeger, toen hij rondliep in jeans en parka met zijn t-shirt achterstevoren en binnenstebuiten. Behalve dat zijn haar nu donkerder leek. Misschien omdat ik intussen het mijne blond was gaan verven.

Toen hij me zag, hief hij zijn hoofd, lachte en liep op me af om me te begroeten. Maar ik ontweek zijn blik. Deed of-ie lucht was. Zeilde in een grote boog om hem heen.

De vroegere verloofde van Max, ook een vriendin van Josh, was er ook. Met haar man en twee kindjes. Ik meed haar blik eveneens. Maar zij zocht de mijne. Knipoogde. Glimlachte. Het voelde oneindig goed vergeven te worden.

Ik weet niet meer wat we aten, alleen dat het lekker was en feestelijk en verfijnd. Na het diner hield Max een speech die drie kwartier duurde. Algauw moest ik weer even hard lachen als in

onze studententijd. Ik kon niet meer ophouden, de tranen rolden me over de wangen. Ik wilde me beheersen, maar kreeg het
niet voor elkaar. Ik bleef erin.

Ik was ontzet. Met niemand had ik ooit zo kunnen lachen als
met hem. Het inzicht kwam aan als een valbijl.

Ik vluchtte van het feest weg tijdens de openingsdans. In de gangen botste ik in volle vaart op de vader van de bruid. Hij viel bijna omver.

'Insgelijks, insgelijks,' mompelde hij en knikte verschillende
keren met zijn hoofd.

Ik bracht de nacht wenend in mijn hotelkamer door. De pijn
was zo erg dat ik weer glassplinters door mijn aders voelde stromen. Dat ik weer scheermesjes voelde binnendringen in mijn
huid.

STAD IN OORLOG

'Als je nu eens naar Brussel verhuisde?' mailde Anabel. 'Dan zit
je toch een beetje in het buitenland. Volgens de I Ching is het
een goed plan.'

Ik geloofde niet langer in Anabels orakel, maar bij gebrek aan
beter verhuisde ik naar Brussel. Ik huurde een kamer in een oud,
slecht geïsoleerd huis met drie katholieke Franstalige jongens.

Ik solliciteerde bij alle tijdschriften en kranten voor de post
van filmrecensente, maar moest me tevredenstellen met een
baantje als researchassistente van een oude professor met witte
haren, witte baard en een bril met een fijn hoornen montuur die
artikelen en boeken schreef over de Belgische politiek. Ik, die de

politiek altijd oversloeg als ik de krant las. Ik had het hem eerlijk verteld tijdens het sollicitatiegesprek, maar toch nam hij me in dienst.

Hij vroeg me met gedempte stem te praten en me deftig te kleden, geen lange broeken, alleen jurken. Hijzelf droeg altijd ribfluwelen broeken, tweedjasjes en zijden foulards met bloemen en geometrische motiefjes waarvan hij er dozijnen had. Hij was erg zwijgzaam en luisterde de hele dag naar opera en operette.

Ik ben nooit iets te weten gekomen over zijn privéleven en naar het mijne heeft hij me nooit gevraagd. Hij sprak uitsluitend over Belgische politiek, en dan nog ging hij alleen maar in op de louter technische kant. Ik ben nooit te weten gekomen wat hij er nu eigenlijk van dacht.

Hij woonde en werkte in een beige belle-époquehuis met smalle ramen, zwarte gietijzeren balkons en een zware eiken deur waarboven een leeuwenkop was gebeiteld in blauwgrijze steen.

Ik kreeg een antiek houten bureautje toegewezen, met een rolluik en een heleboel ladekastjes, in een stoffig kamertje op de derde verdieping. De boeken en de kranten lagen er tot aan het plafond opgestapeld. Aan de muur hingen negentiende-eeuwse Russische iconen. Vanuit mijn raam had ik uitzicht op een blinde muur en op een dakgoot. Er zaten altijd duiven in die dakgoot.

Ik zag de hele dag geen mens, behalve de professor. Zijn eigen bureau was een verdieping lager, maar soms kwam hij dingen opzoeken in de boeken en kranten op mijn verdieping.

In de late namiddag schonk hij zichzelf altijd een whisky in, in een glas van zwaar Belgisch kristal. Dan werd hij wat spraakzamer en kwam hij iets dichter bij me staan.

Zijn buurman had een longziekte en ik hoorde hem de hele dag kuchen, dwars door alle muren heen.

Brussel was internationaal. Op straat hoorde je Frans en Engels en Portugees en Spaans en Italiaans en Grieks en Arabisch en Perzisch en Russisch. Maar mij deed Brussel vooral denken aan een stad als Libanon. Smerig en agressief. Een stad in oorlog.

Overal lag troep op de stoep. Ik gleed uit over de rotzooi, de hondenpoep en het braaksel. Tramconducteurs zeiden geen gedag. Obers snauwden me af. Autobestuurders gaven extra gas als ze zagen dat ik wilde oversteken. Mannen op straat maakten schunnige opmerkingen of achtervolgden me als ik hen toevallig in de ogen keek. Bedelaars spuwden naar me als ik voorbijliep zonder iets te geven, en als ik wel iets gaf sneerden ze dat het niet genoeg was. In bars en clubs keek iedereen nors zwijgend voor zich uit.'s Nachts werd ik wakker gehouden door vliegtuigen, sirenes en wild toeterende auto's.

De mensen op straat zagen er pips en ongelukkig uit. Ik begreep dat ik op hen leek toen ik op een ochtend bij de bushalte een jongetje aan z'n moeder hoorde vragen: 'Mama, waarom kijkt die mevrouw zo sip?' Hij wees naar mij.

'Een yogi bewaart in alle omstandigheden zijn gelijkmoedigheid,' mailde Santosh vanuit Big Sur.

'Van alles kan je iets leren,' beweerde Anabel vanuit Hollywood.

'Als Great Spirit je naar een oorlogsgebied stuurt, gedraag je dan als een soldaat,' coachte Balthazar vanuit Orange County.

BUBBLEGUM

Eind september vluchtte ik op een zaterdagavond naar een undergroundfeestje in Amsterdam, dat ik ontdekt had op het internet. Het vond plaats op een stukje grasveld, verscholen onder een spoorwegbrug langs een industrieterrein.

Ik moest denken aan de feestjes in de Californische woestijn en voelde me droef. Ik vlijde mijn hoofd neer op het gras. Staarde naar de hightech windmolens boven me. De maan was verborgen achter dikke wolken.

Het gaat regenen, dacht ik. Ik vroeg me af wanneer de deejay wat vettere bassen zou spelen. Was moe. Misschien hadden Saskia en Anabel gelijk, en was ik te oud geworden voor raveparty's.

'Wat doet een leuk prinsesje als jij hier helemaal alleen?' hoorde ik plots een jongen vragen.

De belachelijkste versierpoging ooit. Ik vroeg me af tegen wie hij het had. Keek op. Links van me. Rechts. Niemand.

Hij vroeg het nog eens.

Hij keek naar mij, merkte ik nu. Hij had een schattig accent. Een spleetje tussen z'n voortanden. Sterren in z'n ogen.

'Ik had afgesproken met een vriend, maar hij is niet komen opdagen,' loog ik. Ik kon zo snel geen gevattere repliek verzinnen.

'Ik zal wel voor je zorgen,' zei hij lachend.

Dat had niemand me ooit gezegd.

Hij bood me knalroze bubblegum aan, met een zoet kersensmaakje.

Hij heette Vladimir. Was vijfentwintig. Twee jaar eerder was hij vanuit Oekraïne naar Amsterdam gevlucht. 'Want in Oekraïne overleef je alleen als dealer, gangster of pooier.'

Op een sneeuwige winternacht was hij een halfbevroren rivier overgezwommen tussen Polen en Duitsland. Een jaar later werd hij gearresteerd in Amsterdam. Op het vliegtuig gezet, terug naar Oekraïne. Een week erna was hij opnieuw in Nederland: dezelfde rivier weer overgezwommen.

Ik hield op slag van hem.

Mijn blik viel op zijn mooie, zachte, grasgroene mohairtrui.

'Gestolen,' biechtte hij op. 'Hij was te duur, maar hij leek voor mij gemaakt.'

Ik voelde een band. Wellicht moest je zijn opgegroeid in een arm land of, zoals ik, in een grijs schooluniform, om het belang van mooie, felle kleuren te begrijpen.

'Ik hou van je gezelschap,' verklaarde hij toen. 'Ik geef om je.'

Wat aardig om zoiets te zeggen, dacht ik. Ik probeerde me te herinneren wanneer iemand me zoiets vriendelijks voor het laatst had gezegd.

'Wil je een biertje?' vroeg hij.

Ik knikte.

'Wacht hier op me,' zei hij, en hij verdween in de dansende menigte.

Ik geloofde niet dat hij zou terugkomen, maar vergaf het hem.

Ik zocht in de zakken van mijn jeans naar Balthazars ecstasy-pilletjes waarmee ik sinds mijn terugkeer rondliep, wachtend op een geschikte gelegenheid om high te worden.

Besloot een risico te nemen. Slikte het door.

Vladimir daagde op met bier.

'Ik heb net een pil genomen,' vertrouwde ik hem toe.

'Je zal gezelschap willen vannacht,' fluisterde hij.

Net toen ik de ecstasy begon te voelen arriveerde de politie. Het feest werd stilgelegd. 'Degenen die gedronken hebben, níét achter het stuur,' beval een agent.

Iedereen lachte.

'En degenen die drugs hebben gebruikt ook niet.'

'Als we die agent nu eens een pilletje gaven,' opperde Vladimir.

Hij gaf me nog een zoete, roze bubblegum. Het was nog maar twee uur. De eerste trein naar Brussel ging pas om zes uur 's ochtends.

'Ik zorg wel voor je,' stelde hij me gerust.

Ik wreef mijn gezicht over zijn zachte trui. Schonk de agent mijn liefste glimlach.

Vladimir reed me naar het centrum van Amsterdam. Achter op zijn rode scooter. Ik voelde me net een prinses. Wou dat Saskia en Anabel me zo konden zien.

We stopten bij een herenhuis aan een gracht. Klommen de scheve trappen op naar een zolderkamertje. Net een minipaleisje uit de *Verhalen van Duizend-en-een-nacht*. Verlicht met gouden kerstlichtjes. Zelfgemaakte muurschilderingen in neonkleuren.

Hij droeg me naar zijn bed. Op de scheve plankenvloer onder zijn bed ontwaarde ik een grote schaal vol condooms. Ik ben niet de enige die met hem het bed deelt, begreep ik.

Het volgende etmaal brachten we vrijend door. Zijn technieken waren niet erg verfijnd. Hij gebruikte zijn handen niet. Zijn tong evenmin. Misschien is dat cultuurgebonden, dacht ik, een Slavisch machoding of zo.

Maar ik vond hem leuk. Hij was zo jong. En zo mooi: zijn glimlach, het spleetje tussen zijn boventanden, zijn perfecte buikspieren. Ik kon mijn ogen niet van zijn heupen afhouden terwijl hij boven op me bewoog.

'Ik hou van je gezelschap,' zei hij weer. En: 'Ik geef om je.'

Ik kon het bijna niet geloven, maar zijn sperma smaakte naar zoete roze bubblegum.

In de late namiddag stonden we op.

Hij warmde een potje bietensoep op. 'Mam zegt dat ik elke dag soep moet eten,' vertelde hij, nog steeds naakt, in een keukentje met een scheve vloer.

Ik staarde weer naar de volmaakte curve van zijn heupen. Op zijn borstkas kleefden sporen van mijn eigen bodyglitter.

We namen afscheid op een brug.

Toen ik in Brussel aankwam, regende het. De regen rook naar benzine en urine. Een kreupele zigeuner speelde Slavische deuntjes op een gebroken viool. Iemand rukte m'n rugzakje af. Een meeuw vloog te pletter tegen een flatgebouw.

Het zal wel snel oorlog worden, dacht ik, en het voedsel zal wel radioactief worden ook.

DE ZON

Die herfst kreeg ik een mailtje van Max. Hij had mijn e-mailadres gevraagd aan Josh. 'Ben voor een paar dagen in Nederland. Zou je graag zien.'

'Haal het niet in je hoofd te gaan!' riep Anabel over de telefoon.

'De zak, de eikel, de lafaard! Vergeet hem!' gilde Saskia.

Ik besloot de tarotkaarten te raadplegen die Anabel me had gegeven en die bijna in beslag waren genomen door de border patrol in King City. Het was de eerste keer dat ik de kaarten raadpleegde, want ik hechtte er geen geloof aan. Het was de laatste keer ook, want een paar weken later zou ik ze meegeven aan de kringloop, samen met een doos minirokjes en zonnejurken uit L.A.

'Is het een goed idee de uitnodiging af te slaan?' vroeg ik en trok een kaart. De tien van Staven verscheen. Een desastreuze kaart, volgens de handleiding die in het doosje stak.

'Is het een goed idee de uitnodiging aan te nemen?' vroeg ik daarop. Ik trok een kaart met een grote zon erop, waaronder twee kinderen hand in hand aan het spelen waren.

CLOSURE

Max en ik hadden afgesproken in een café in mijn slaperige thuisdorp. Toen ik aankwam, bleek het gesloten te zijn. Hoe toepasselijk, dacht ik. Ons hele gezamenlijke verleden was een aaneenschakeling geweest van misverstanden en slechte timing.

Het was een stormachtige nacht in november. De natste maand in de geschiedenis van de Nederlandse weerstatistieken.

Ik wachtte in de auto. Om mijn zenuwen te kalmeren zong ik wat 'Ohm's' en 'Ah's' en 'Hum's'. Geleerd van Anabel.

Max was twintig minuten te laat. Een omvergewaaide boom had de weg versperd. Hij knikte en ik lachte. We zochten een ander café. Belandden in een lege bar in de schaduw van de kerk. Een gat in het raam liet de wind door. De radio speelde jarentachtigmuziek. Niet omdat de jaren tachtig weer in de mode waren. Veeleer omdat de jaren tachtig hier nooit waren opgehouden. Of misschien waren ze net gearriveerd.

We trokken allebei zwijgend onze jas uit. Ik mijn donkerblauwe wollen winterjas, een afdankertje van tante Emmie. Ik had meer dan drie jaar geen winterjas nodig gehad. Eronder droeg ik een spijkerbroek en een zwarte trui. Daaronder een mouwloos, strak tegen mijn lijf plakkend t-shirt uit L.A., met twee blauwe parkieten erop. Ik zag dat Max z'n trui binnenstebuiten aanhad. Net als vroeger. Ongelooflijk, maar hij leek er zich niet eens van bewust.

'Voor mij het sterkste bier dat je hebt,' beval ik de ober.

'Voor mij hetzelfde,' zei Max.

De ober bracht twee Belgische abdijbiertjes.

Max brak het ijs: 'Hoe voelt het om weer in Nederland te zijn?'

Ik voelde me alsof ik van mijn rechtmatige eigendom was beroofd. De Stille Oceaan was van mij. De palmbomen waren van mij. De Santa Ana was van mij. Big Sur was van mij. Ik voelde me alsof er een stuk van mijn lichaam was geamputeerd. Alsof mijn ingewanden waren uitgerukt door een bende wilde honden die er voor mijn ogen mee wegliepen. Ik voelde me als de Twin Towers.

Het was te ingewikkeld dat allemaal uit te leggen.

Ik scheurde mijn bierviltje in stukjes. Haalde mijn schouders op. 'Ik overleef. Dankzij boeddhisme, pure chocolade en Britse comedy's.'

'In welke volgorde?' wilde Max weten.

Hij deed me altijd lachen, herinnerde ik me weer. Dat was waarom ik hem zo graag had, herinnerde ik me ook weer. Ik dacht aan Spinoza. Verslikte me nog harder.

Max gaf me een papieren zakdoekje om het bier van mijn kin te vegen. 'Ik was een week in het land,' zei hij toen. Hij zag er ineens ernstiger uit. Scheurde zijn bierviltje ook in stukjes. 'Ik dacht dat het tijd was dat we een keer onder vier ogen afspraken. Om eindelijk eens *closure* te hebben.'

We zochten naar het Nederlandse woord. Konden het niet vinden. Misschien bestond het niet.

'Of misschien hebben Nederlanders nooit closure,' opperde Max.

Hij had nog steeds die jongensachtige grijns waarop ik ooit zo verliefd was geweest.

We hadden inmiddels alle bierviltjes op tafel in stukjes gescheurd. Vroegen de ober om een pakje sigaretten. Al waren we allebei al jaren gestopt met roken.

'Ik had al willen afspreken de week na het trouwfeest van Josh,' preciseerde Max, terwijl hij zijn sigaret aanstak. 'Maar Josh raadde me aan geen oude koeien uit de sloot te halen.'

Verdomde Josh. Mij had-ie hetzelfde gezegd toen ik hem in tranen had gebeld na het feest.

Toen biechtte Max op dat hij de bruiloftsspeech had geschreven met mij als publiek in zijn achterhoofd. En dat het hem had bedroefd geen reactie van me te hebben gekregen.

Ik legde uit dat ik wenend naar mijn hotel was gerend.

Max zag bleek. Schudde zijn hoofd. Bestelde nog twee abdijbiertjes. Daarop vertelden we elkaar alles wat we nooit hadden gezegd. Vroegen uitleg bij alles wat we nooit hadden begrepen.

'Ik was gewoon heel erg in de war,' mompelden we allebei een heleboel keren. En: 'Het spijt me zo vreselijk erg.'

We vroegen ons af waarom alles was gelopen zoals het was gelopen. 'Er is zeker een hogere reden voor,' zeiden we allebei tegelijk. Maar we wisten niet wat de reden was.

Buiten regende het voort. We bleven abdijbier drinken.

'Weet je nog die keer dat we naar Zeeland zijn gereden?' vroeg Max.

Ik herinnerde me dat we met mijn moeders opzichtige powerwagen naar Schouwen-Duiveland waren gereden. Dat we de liefde hadden bedreven tussen het helmgras. Dat het was gaan regenen. Het strand was leeggelopen en we waren naakt de zee in gerend, en hadden de golven en de regen over ons heen laten spoelen.

Toen we thuiskwamen in het holst van de nacht was ik de voordeursleutel kwijt en moesten we mijn slaapkamer in klauteren via de oude houten tuinladder.

Binnen hadden we ons verkleed. Ik was in Max' jeans gekropen, hij in mijn blauwe stippeltjesrokje. Mijn bed zat vol zand en zijn lichaam smaakte zout.

Achteraf had hij liedjes voor me gezongen in mijn bed. Zo was ik me hem het meest blijven herinneren: altijd liedjes zingend in mijn bed.

Toen hij de ladder af ging die nacht waren de vogeltjes al volop aan het fluiten. We vrijden altijd tot het ochtendgloren. Jaren later, toen ik aan slapeloosheid begon te lijden, dacht ik nog aan Max als ik 's ochtends vogeltjes hoorde fluiten.

Max onderbrak mijn overpeinzingen. 'Herinner je je het nog?' vroeg hij weer.

Ik bleef knikken. Waaraan denkt hij nu? vroeg ik me af. Maar ik vroeg het hem niet. Wist niet wat me ervan weerhield het hem te vragen.

De barman bracht nog twee abdijbiertjes. 'De laatste,' mopperde hij.

'Je moet *Mulholland Drive* zien,' zei Max, terwijl hij zijn glas bijna in één teug leegdronk. 'Die film deed me aan jou denken.'

Omdat ik in Hollywood had gewoond? Of omdat de hoofd-personen uit de films van David Lynch altijd zo fucked up waren?

Ik vroeg het hem niet. Wilde het niet weten.

'Ik ben vaak 's nachts Mulholland Drive op gereden,' vertelde ik daarom maar. 'Om naar Runyon Canyon te gaan. Ik had altijd Kruder & Dorfmeister's *DJ-Kicks* opstaan in m'n auto.'

'Heb je die cd thuis liggen?'

Ik knikte.

'Als die oude ladder er nog staat, zou ik er niets op tegen hebben je vroegere slaapkamer nog eens te bezoeken om naar Kruder & Dorfmeister te luisteren.'

BOODSCHAP AAN ONS BEIDEN

Bizar, dacht ik, een halfuur later, toen ik Max binnenliet in het huis van mijn ouders. We gebruikten toch maar gewoon de achterdeur deze keer.

In de keuken kwamen we de twee buldogs van mijn moeder tegen. Ze liepen daar acht jaar geleden ook al rond. De ene was intussen kreupel geworden, de andere blind.

We slopen over de krakende trap naar mijn oude slaapkamer.

Max installeerde zich op het bed, onder een ingelijste poster van Brancusi's kussende stelletje. Acht jaar geleden hing die er ook. Ik zette Kruder & Dorfmeister op.

Niet veel later lag ik naast Max op bed.

Bizar, dacht ik weer. En voelde zijn lichaam tegen het mijne. Voor de eerste keer in acht jaar.

'Heb je een afspraak met je vrouw?' wilde ik weten.

'Een onuitgesproken regel van exclusiviteit zoals getrouwde stellen plegen te hebben.'

Elk stel zou eigen regels moeten opstellen, dacht ik.

Maar ik zei het niet. Ik had het recht niet Max te vertellen hoe hij zijn huwelijkse leven moest invullen.

'Wat is je droevigste herinnering aan onze tijd samen?' wilde hij weten.

De decemberochtend, acht jaar geleden, nadat ik het zelf had uitgemaakt, wist ik onmiddellijk.

Zijn eigen droevigste herinnering was de ochtend in mei, veertien jaar geleden, toen hij mijn oranje paraplu had zien staan voor de slaapkamerdeur van Josh.

Veertien jaar geleden. We verbaasden ons over het verstrijken van de tijd.

'Fysici zijn het erover eens dat tijd illusoir is,' stelde Max me gerust. 'Of toch zeker niet iets lineairs.'

Hij schoof wat dichterbij. Zijn neus raakte de mijne net niet. Ik was de geur van zijn lichaam vergeten, maar nu ik hem weer rook was die zo vertrouwd dat het leek of hij nooit uit mijn leven was verdwenen.

Zijn adem streelde mijn gezicht. Ik kon hem bijna proeven. Ook die rook nog hetzelfde als vroeger. Zoet. De geur van zorgeloosheid.

We zwegen. De rug van zijn hand streek over de mijne. Gleed omhoog. Over mijn schouder. Over mijn gezicht. Mijn wang net niet rakend.

186

Zijn vingertoppen gingen door mijn haren. Streelden mijn voorhoofd. Heel lichtjes, amper voelbaar. Voor het eerst in acht jaar.

Ik sloot mijn ogen. Voelde mijn borsten tegen het katoen van mijn T-shirt.

Zijn wijsvinger gleed over mijn wenkbrauwen. Dan over mijn neus, naar mijn lippen. Het puntje van zijn wijsvinger streek heen en weer over mijn lippen. Bleef toen stilliggen.

Ik opende mijn ogen. Keek recht in de zijne.

Hij zag er ernstig uit.

We bleven elkaar zwijgend aankijken.

Zonder ons te verroeren. Zijn wijsvinger stil op mijn lippen.

Een tijd later gleed zijn hand weer omlaag. Over mijn sternum, tussen mijn borsten. Tussen de twee parkieten. Over mijn navel. Over mijn heupbeen. Terug naar mijn hand. De rug van zijn hand en van de mijne raakten elkaar net niet, op twee vingers na, die elkaar stevig omstrengelden.

'Wat zou Boeddha hiervan zeggen?' vroeg hij.

'Sensuele pleziertjes leiden niet tot geluk.'

De vingers van zijn vrije hand traceerden de parkieten op mijn T-shirt. Ik voelde mijn borsten weer tegen het katoen. Klemde mijn benen om de zijne.

Ik dacht: kom Max, kus me, vrij met me, recht uit je hart, hier, nu en meteen.

Maar ik zei het niet. Hij was de man van een andere vrouw. Het was al erg genoeg dat ik met hem in bed lag.

We kusten elkaar niet en we vrijden niet. In plaats daarvan staken we een sigaretje op in bed. Nog iets wat ik al acht jaar niet meer had gedaan.

Om halfvier 's nachts namen we afscheid in de garage van mijn ouders.

'Dat was bizar,' vatte ik samen.

'Niet alleen bizar,' antwoordde Max.

In elk geval, nu hebben we eindelijk closure gehad, dacht ik, terwijl ik de trap op kroop.

Die nacht droomde ik dat ik een stripverhaal las waarin Max en ik de hoofdpersonages waren. We droegen allebei kindershirtjes, binnenstebuiten.

Ik las het etiket van mijn T-shirt: 'Liefde is blijheid om het bestaan van de ander.'

'Boodschap aan ons beiden: Liefde is meer dan bemind worden. Liefde is beminnen,' stond er op het zijne.

De volgende middag werd ik wakker met een enorme kater. Voelde me droevig. Verward. Ik maakte mijn bed op. Het rook naar Max. Ik staarde naar de Brancusi-poster. Belde Anabel en Balthazar.

'Godverdomde idioten dat jullie zijn,' vloekte Anabel.

'Jullie timing is gewoon verkeerd,' zuchtte Balthazar, die veel verdraagzamer en empathischer is dan Anabel.

EEN MAN

Sas was in die dagen nog steeds met haar huisarts. 'Een mooie, grote man, een voorname man,' vond tante Emmie. 'Saskia gebruikt tenminste haar gezond verstand,' vond mijn moeder.

Ik moet hem niet, dacht ik.

Hij bekritiseerde Sas constant. Dat ze het bestek niet goed had afgewassen. Dat haar rijst kleefde. Dat ze de pompoen en de worteltjes fijner moest snijden. Dat ze goedkopere blikjes tonijn moest kopen. Dat haar keuken niet schoon genoeg was. Dat ze de thee te lang liet trekken. Dat ze te veel wijn dronk. Dat ze te veel zout op haar eten deed. Dat ze Geraldine niet behoorlijk opvoedde.

Hij liep altijd met een lang gezicht rond en van alles maakte hij een drama. Ze wist nooit wat zijn volgende reden voor ontevredenheid zou zijn en leek in een staat van permanente paniek rond te lopen. Uiteindelijk dronk ze haar glaasje wijn stiekem onder de douche.

Ze moest altijd zijn toestemming vragen om uit te gaan. Zelfs als we gewoon samen naar de film gingen of iets gingen drinken, belde hij om de haverklap om te checken waar ze was. Bovendien was hij kleinzerig. Meer dan eens, als Sas hem spontaan vastpakte voor een knuffel, slaakte hij een gilletje – 'ai!' – en duwde hij haar van zich af.

'Dumpen, die boel!' drong ik aan. 'Ga bij hem weg! Hij terroriseert je!'

'Ik hou niet van jouw wegwerpmentaliteit, Hannah!' voer ze uit. 'Liefde is niet alleen maar plezier ontvángen. Liefde is onvoorwaardelijk géven. En liefde is tolerantie. Als je iets wilt opbouwen, moet je volhouden. Hij is misschien wat maniakaal, maar niemand is volmaakt. Volwassen liefde houdt in dat je van je partner houdt met inbegrip van zijn imperfecties.'

'Maar als het niet gelukkig maakt, wat voor zin heeft het dan?'

Pas nadat hij eiste dat ze haar vriendschap met mij verbrak, kieperde ze hem er uiteindelijk uit. Ik was bang dat ze in een dip zou raken, maar integendeel.

'Hè, wat een opluchting!' Ze lachte erbij. En schreef zich in op een datingsite.

Een datingsite, zelf had ik dat nooit in overweging genomen. Het leek me een beetje zielig.

'Maar ik ga me wel aan de regels houden,' zei ze erbij. 'Geen seks voor hij me trouw zweert.' Ze dacht even na. 'Of toch minstens geen seks de eerste drie keren. En hij moet alle initiatief nemen. Hij is degene die moet bellen of mailen, niet ik. En als hij contact opneemt, zal ik nooit meteen reageren.'

Ongelooflijk, vond ik het. Zo uit de jaren vijftig.

'Wat voor man zoek je eigenlijk?' wilde ik weten.

Daar hoefde ze niet lang over na te denken: 'Een integere man. Een man die natuurlijk gezag uitstraalt. Een man die ondanks zijn natuurlijke gezag iedereen met respect behandelt. Een man die voor me zorgt. Een man die lijkt op de jonge Paul Newman of op George Clooney. Een man die me regelmatig meeneemt naar Rome en Parijs. Een man die in het restaurant een wijn weet te kiezen. Een man die tijdloos klassiek gekleed gaat. Een man die altijd goedgehumeurd is. Een man die me geschenkjes geeft zonder klef te zijn. Een man die altijd de juiste geschenkjes kiest. Een man die me sieraden geeft. Een vastberaden man. Een man uit één stuk. Een man met een succesvolle carrière. Een man die me honderd procent betrekt in zijn uitgebreide sociale leven. Een man die trots op me is. Een intelligente man. Een emotioneel stabiele man. Een man die me zekerheid en veiligheid geeft. Een man die trouw is. Een man die ontrouw niet in overweging neemt.'

Ze wond een haarkrul rond haar wijsvinger en staarde naar het plafond. Pauzeerde even. 'Dat is het wel zo'n beetje.'

Ze begon aan een reeks afspraakjes waarbij ik steeds hetzelfde stramien ontwaarde: geen seks de eerste drie dates en nooit zelf het initiatief tot contact, maar wél al tijdens de eerste date hopeloos verliefd worden en om het kwartier haar telefoon en haar mail checken. Ook al beantwoordden de kerels in kwestie in de verste verte niet aan haar criteria. Na de vijfde date. ook wel de tweede keer seks, werd ze gedumpt, wat ze keer op keer persoonlijk opnam.

'Zoiets moet je nooit ofte nimmer persoonlijk opvatten!' bezwoer ik haar.

Maar ze luisterde niet, en keer op keer was ze maandenlang depri en bleef ze hopen dat het toch nog goed zou komen. Waarop ze keer op keer uiteindelijk toch zelf het initiatief nam en berichtjes achterliet en mailtjes stuurde waarop ze nooit antwoord kreeg, zodat ze zich nog ellendiger ging voelen.

WINTER IN BRUSSEL

Ik bracht de rest van de herfst en de hele winter door in het kantoor van de professor en verdiepte me in de Belgische politiek met zijn zes regeringen en vijfenzestig ministers, droeg jurken die ik haatte om de professor te plezieren, luisterde naar zijn opera's en naar het gekuch van zijn buurman, staarde naar de barsten in het bladgoud van de iconen en naar de duiven in de dakgoot en vroeg me af waarom ik geen sieradenontwerpster was geworden, of jazzzangeres in een pianobar, of surfkampioene op Hawaï, of schrijfster van hard-boiled detectives.

Soms sloot ik me op in het toilet om te wenen. 's Avonds dronk ik kruidenthee in de keuken met mijn drie katholieke huisgenoten.

'Niet ongelukkig zijn is een kwestie van denktechniek,' preekte Josh vanuit Genève. En ik herhaalde tegen mezelf dat ik geluk had in Brussel te wonen, en niet in Moermansk of Soedan. Herhaalde tegen mezelf dat elke dag dat ik niet getroffen werd door een aardbeving, oorlog of enge ziekte, een dag was om dankbaar te zijn. Maar 's nachts kon ik niet slapen en de korte momenten dat ik sliep had ik nachtmerries.

Ik probeerde mezelf op te vrolijken door elke avond naar een café te gaan waar mooie kelners waren en waar ik verslaafd raakte aan de vuurkus, een vers sapje van rode biet, wortel, selderij, sinaasappel en extra veel gember. Tot ik een maag- en slokdarmontsteking opliep.

Ik at massa's pure chocolade. Tot ik zure reflux kreeg en allergisch werd voor chocolade, en voor een hoop andere dingen ook.

Ik ging op yoga, in een sportschool vlak bij mijn werk, waar ik in de middagpauze en na werktijd eindeloze reeksen zonnegroeten uitvoerde, omringd door een internationaal allegaartje van bodybuilders en voetballers. Tot ik een tendinitis kreeg aan mijn linkerschouder, een bursitis aan mijn rechterheup, mijn halswervel verschoof en de ligamenten van allebei m'n knieën verrekte.

'In yoga gaat het niet om je lichaam. Het gaat erom je hart te openen,' preekte Santosh. 'Denk eens wat minder aan jezelf.' En ik ging massages geven in een centrum voor kansarme vrouwen. Tot ik een ontsteking kreeg aan allebei mijn polsen. Ging Nederlandse les geven aan illegale vluchtelingen. Tot ze mijn boeken stalen.

'Je moet mantra's zingen, al was het maar in je hoofd,' mailde Anabel. En ik repeteerde haar mantra's in mijn hoofd, op het werk en in de tram en op de stoep – 'Ohm, Ah, Hum' en *Breathe, look up, smile and trust*'. Tot ik na een tijdje merkte dat ik in mijn hoofd aan het zingen was – *Fuck me please, wildly and divinely*' – en visioenen had van seks met twintig twintigjarigen, jongens met halflange haren en harde lichamen en zachte lippen, pretogen en een brede glimlach, jongens die handdrum speelden en capoeira konden dansen en op hun handen konden lopen en die alleen maar dachten aan muziek en seks.

DE MEIKEVER

Toen het lente werd, was ik zo eenzaam dat ik soms na het werk een omweg maakte langs de kathedraal, omdat daar vaak een oude zigeuner accordeon stond te spelen die me altijd complimentjes gaf.

Op een avond ging ik naar *The Misfits* in het filmmuseum. De beiaard speelde 'Green Sleeves'. Het waaide alsof het november was in plaats van mei. Ik begroef mijn gezicht in mijn sjaal. Wandelde zo snel ik kon door de kasseistraten.

Kin omhoog, herhaalde ik in mezelf, borst vooruit. Ik probeerde te denken aan dingen waarvan ik hield. Aan blauwe lucht en palmbomen. Naaktzwemmen en verborgen stranden. Zeeotters. De geur van de oceaan. De wind op mijn naakte huid. De melkweg in Big Sur. De kleur van het Californische zonlicht. Het geruis van de wind door de bomen. Jon Brions 'Elephant Parade'.

Maar het hielp niet. Na een paar seconden dacht ik alweer aan oorlog en dood, en de regen bleef neerbeuken als een metalen plaat op mijn hoofd, mijn ziel aanvretend als een giftig zuur.

Ik viel bijna over een oude bedelaar die een blik hondenvoer zat te eten. Daarna struikelde ik over een zwarte jongen die op zijn hurken zat, midden op de stoep.

'Ken jij dit?' vroeg hij en toonde me zijn gevouwen handen.

Ik dacht eerst dat hij iets obsceens zei, of om geld vroeg, en trachtte zo grimmig mogelijk te kijken. Maar hij zag er vreselijk sexy uit.

Niet glimlachen, herhaalde ik in mezelf.

Te laat.

Hij opende zijn handen. Het was een meikever. Die waren zeldzaam geworden, wist ik. Hoorden thuis in groene heggen, niet in grijze steden.

De kever leek mijn gedachten te lezen. Vloog weg.

We staarden hem na.

Toen viel mijn blik op zijn koptelefoontje.

'Mag ik eens luisteren?' vroeg ik.

Hij zette het op mijn oren. Manu Chao, 'Out of time man'.

Ik was gek op Manu Chao.

'Wil je een jointje roken?' vroeg de jongen. Hij moest het twee keer herhalen, want ik luisterde nog steeds naar Manu Chao.

Ik schoot bijna in de lach toen ik begreep wat hij vroeg. Ik was misschien wel dubbel zo oud als hij. Had nu een deftige baan. Leidde een deftig leven. Blowde al jaren niet meer.

Maar ik was eenzaam. En nieuwsgierig. En verveelde me.

En hij was sexy.

'Kom, we gaan ergens zitten,' beval ik.

Ik koos de drempel van een bouwvallig, met graffiti beklad pand. MERDE, stond er in grote zwarte letters op de grauwe muur.

'Dat is recht tegenover de politie,' protesteerde hij.

Wist ik. Dat gaf me een veilig gevoel.

We rookten een paar jointjes in de regen.

Er stopten verscheidene auto's. Eentje adviseerde ons naar het park te verhuizen. Iemand anders bood cocaïne aan. Een derde stelde een triootje voor.

Ik was stomverbaasd. Dus dit was wat er zich bij schemeravond afspeelde in Brussel, twee straten vanwaar ik woonde, terwijl ik naar Britse comedy's keek en kruidenthee dronk met mijn huisgenoten.

Ik werd higher en higher. Vroeg me af hoe het zou voelen een zwarte jongen te kussen. De Braziliaan in L.A. was mijn donkerste man geweest tot dusver.

Net op dat moment kuste de jongen me.

Het voelde goed.

'Kom mee naar mij thuis,' fluisterde hij.

Vond ik te riskant. Ik overwoog hem uit te nodigen bij mij.

Dacht aan mijn huisgenoten. Aarzelde. Maar hij zoende zo heerlijk dat ik hem besloot mee te nemen.

Een halfuur later lagen we naakt op mijn bed in het licht van mijn nachtlampje. Hij deed me meteen klaarkomen met z'n tong. Drie keer na elkaar. Ik was verbluft door zijn techniek.

'Jij bent anders dan andere meisjes,' zuchtte hij. 'Jij vindt het leuker.'

Ik overwoog hem een exposé te geven over de hormonale situatie van vrouwen in de dertig. Maar deed het niet.

Ik zweeg. Graaide een condoom uit een lade.

'Ik doe niet aan condooms,' protesteerde hij en probeerde me te penetreren.

Ik duwde hem weg.

Hij lachte. Week niet.

We begonnen te vechten.

Ik werd bezorgd. Ik wist dat ik maar hoefde te gillen of mijn drie huisgenoten zouden me komen redden. Maar ik wilde hen niet wekken. Zij zouden geen begrip hebben voor het feit dat ik onbekende jongens van straat plukte.

'Ofwel je gebruikt een condoom, ofwel je gaat nu meteen weg.'

Hij weigerde. We vochten voort.

Ik werd bang. Gebruikte al mijn kracht om hem van me af te duwen. Tevergeefs. Hij was sterker. Hij lag met zijn volle gewicht boven op me, spreidde mijn armen, duwde mijn polsen neer tegen de matras.

Ik stond net op het punt te gillen, toen hij me losliet. Hij kroop overeind. Schudde zijn hoofd.

'Zie me hier zitten,' mompelde hij.

Ik vroeg me af wat hij bedoelde.

Ondanks alles zag hij er nog steeds sexy uit.

'Ik ben een dikke nul,' fluisterde hij. 'Zonder geld, zonder diploma, zonder werk.'

Zo had ik de situatie nog niet bekeken. Het bedroefde me. Ik schaamde me een beetje. Wist niet wat ik moest zeggen. Zei niets.

Toen probeerde hij zijn greep weer te verstevigen.

Het volgende wat ik me herinner is dat ik hem de trappen af kreeg en de deur uit. Daarna plofte ik neer op mijn bed. Deed oordopjes in. Draaide het licht uit.

Even later vielen mijn huisgenoten mijn kamer binnen.

'Er staat een kerel voor je op de deur te bonken.'

Het was drie uur 's nachts, midden in de werkweek.

'Stuur hem weg,' beval ik. En draaide me om.

De volgende dagen bleef ik tot laat op mijn werk. Wilde mijn huisgenoten niet onder ogen komen. Ik wist niet wat ik het ergste vond, dat ik mijn reputatie om zeep had geholpen of dat ik zo naïef was geweest de jongen te vertrouwen omdat hij van Manu Chao hield.

'Het spijt me van dinsdagnacht,' mompelde ik toen ik uiteindelijk weer durfde op te dagen.

'Geeft niets,' antwoordde Etienne.

'We waren toch al wakker,' verduidelijkte Hugo.

'We zaten kruidenthee te drinken in de keuken terwijl we naar jullie gestoei luisterden,' besloot Sébastien.

Scotty, beam me up, dacht ik.

Later die avond belde de jongen om zich te verontschuldigen.

'Ik dacht dat we aan het spelen waren,' beweerde hij. 'Ik dacht dat je graag vocht.'

Het had gekund.

'Je moet altijd een condoom gebruiken,' antwoordde ik en hing op.

De dag erop vroeg Etienne me stiekem of ik hem geen masseuse kon aanbevelen. Hugo abonneerde zich op een pornosite. Sébastien ging in psychotherapie. Ik verhuisde naar een appartement.

HET MEISJE MET DE GOUDEN OHM

In de zomer besloot ik nog eens naar een feestje in Amsterdam te gaan. Ik wilde dansen. Op goede muziek. Niet de commerciële muziek van de Brusselse clubs.

Ik vond de instructies op het internet.

Het metrostation waar ik moest uitstappen was verlaten, op twee blowende tieners na.

'De bajes is daar naar links,' wees de ene. 'Bij de Hell's Angels.'

'Blijf daar maar uit de buurt,' voegde de ander eraan toe.

Ik ben een bang mens. Angst is mijn natuurlijke staat. Maar ik had mezelf getraind me niet te laten leiden door mijn angsten.

Ik had veertig minuten om de laatste trein terug naar Amsterdam Centraal te halen als ik het kraakpand niet vond. Ik marcheerde langs de bajes. In het pikkedonker. Door het territorium van de Hell's Angels. Ik voelde me alsof ik aan het zwemmen was in een moeras vol onzichtbare krokodillen. Maar ik wandelde dapper verder.

Moed is niet geen angst hebben, maar dingen doen, ook al ben je bang, had ik geleerd.

'Voorbij de gevangenis. Bij de stoplichten rechts. Volg de fluorescerende pijlen,' luidde de routebeschrijving op het internet.

Ik zag geen verkeerslichten. Geen neonpijlen. Geen levende ziel te bespeuren. Ik duizelde van angst. Hoe ver kan een mens gaan uit liefde voor muziek? Dit is de allerlaatste keer dat ik mezelf dit aandoe, bezwoer ik mezelf.

Ik herinnerde me opeens dat honden die meevliegen in de bagageruimte van een vliegtuig vaak dood worden teruggevonden: met een geëxplodeerd hart, een hart stukgesprongen van schrik. Mijn hart zal niet exploderen, herhaalde ik tegen mezelf, ik ben niet bang dat mijn hart zal exploderen van schrik.

Toen hoorde ik een motor. Een scooter.

Nog voor ik omkeek, wist ik dat het Vladimir was.

'Spring er maar op,' grijnsde hij.

Hij had dezelfde grasgroene mohairtrui aan als het jaar ervoor.

Samen liepen we het kraakpand binnen. Ik voelde me opgelucht toen ik mijn geliefde vette bassen hoorde, de neonschilderingen zag, de slingers, de lampionnen. Een Israëlische deejay met een brede glimlach deed de kleurrijk uitgedoste menigte op en neer springen.

Vladimir bood me bubblegum aan. Dezelfde als een jaar eerder. 'Ik hou van je gezelschap,' zei hij weer. Net als het jaar tevoren. Ik vroeg me af of hij dat tegen iedereen zei.

'Let's get high together,' fluisterde hij.

Ik wist niet zeker of ik dat wel wilde.

'Even wachten,' antwoordde ik, en ik ontsnapte naar de dansvloer.

'Ik kijk graag naar je!' riep een schattige jongen me een paar uur later toe op de dansvloer. 'Ik zie je gezicht graag! En je lichaam!'

Ik vroeg me af of hij de draak met me aan het steken was. Of meende hij het en was ik paranoïde? Ik vervloekte m'n buitensporige nuchterheid.

'Ga een pilletje voor me zoeken,' droeg ik Vladimir op. Ik wilde nog één keer voelen hoe het was om niet paranoïde te zijn.

Vladimir scoorde wat MDMA. We losten het op in een glas sinaasappelsap dat we samen leegdronken.

Maar om een of andere reden voelde ik er niets van. Vladimir werd zo high als een vlieger. Ik bleef down en paranoïde.

'Kom je met me mee?' murmelde hij om halfzes 's morgens in m'n oor.

Ik aarzelde. Een jaar eerder vond ik hem zo sexy. Nu zag hij er alleen maar vreselijk jong uit. En mager. Wat verlopen.

Toen herinnerde ik me weer dat hij op z'n tweeëntwintigste in z'n eentje uit Oekraïne was gevlucht. Zoveel moed, daar moest je respect voor hebben. Daar kon ik van leren. En ik herinnerde me mijn eenzaamheid. En zijn staalharde lijf.

'Oké,' antwoordde ik.

'Waarom gaan jullie al weg?' vroeg een onbekend meisje met een gouden Ohm op haar naakte rug.

Ik hoorde zoveel liefde in haar stem. Waarom kunnen mensen niet altijd zo aardig zijn, ook zonder pillen? vroeg ik me af.

'Blijf nog even,' smeekte ze.

Ze had witte tanden, lange wimpers, een kort lichtbruin pagekopje. Haar lippenstift was knalrood. Een zilveren topje accentueerde haar mooie borsten. Ze deed me denken aan een veld madeliefjes met een hoog rock-'n-rollgehalte. Aan twee dozijn zonnen.

'Blijf nog even,' herhaalde ze.

Ik wilde bij haar blijven.

Vladimir gaf me een duwtje. 'We zijn moe.'

'Kom met ons mee,' fluisterde ik het meisje in het oor en ik trok haar mee naar buiten.

Met z'n drieën kropen we op Vladimirs scooter en doorkruisten de stad, langs de grachten, over de bruggen, naar zijn scheve zolderkamertje. Het was nog steeds verlicht met gouden kerstlichtjes.

In de late namiddag werd ik wakker, met m'n hoofd aan het voeteneinde van Vladimirs bed en zijn hoofd in m'n schoot. Het meisje was verdwenen. Een hart in rode lippenstift op de spiegel in de badkamer was het enige spoor dat ze had achtergelaten.

Vladimir en ik aten weer bietensoep in de keuken met de scheve vloer. Zijn handen waren ruwer geworden, merkte ik. Hij had het hele jaar in de bouw gewerkt. Het jaar ervoor had hij ervan gedroomd zich in te schrijven op de Filmacademie, maar als illegaal kon dat niet. In Oekraïne studeerde hij wiskunde op de universiteit.

'Maar ik klaag niet hoor,' benadrukte hij, 'ik ben optimist.'

We namen weer afscheid op de brug.

'Ik bel je,' beloofde ik, uit een soort moederlijke bezorgdheid. Maar ik wist dat ik het niet zou doen.

Hij gaf me zijn grasgroene mohairtrui mee. 'Je mag hem houden. Omdat ik weet dat je om kleuren geeft.'

Ik wandelde langs de grachten, voorbij een bejaardentehuis. Ving een glimp op van een oude man in een rolstoel. Niemand zal ooit weten wat hij denkt van het leven en de liefde, dacht ik. Het stemde me droef.

In de trein naar Brussel dacht ik de hele tijd aan het meisje met de gouden Ohm op haar rug.

BAMBI

Nog één keer ging ik die zomer naar een Amsterdams undergroundfeestje. Zonder het iemand te zeggen. Anabel en Sas gaven me altijd het gevoel dat er iets mis was met undergroundfeestjes. En met Amsterdam. Maar ik hield van undergroundfeestjes, en van Amsterdam.

Ik deed mijn haar in twee vlechtjes. Gouden glitter op m'n

oogleden. Trok een zwart T-shirt aan met een labyrint van zilveren sterretjes op borsthoogte.

Buiten regende het. Het regende altijd in Brussel.

Ik verborg mijn hoofd onder een sjaal. Hield mijn rugzakje stevig tegen me aangeklemd. Probeerde even grimmig te kijken als de rest van de menigte.

Een gesluierd meisje probeerde een krijsende baby de borst te geven onder een stelling. Luide Arabische ritmes kwamen uit een racende Mercedes met gaten in de ramen. Kogelgaten, dacht ik. Hij reed me bijna omver.

Ik was net op tijd voor de laatste trein Brussel-Amsterdam.

Drie uur later arriveerde ik in een verlaten industriegebied net buiten Amsterdam. Het was helemaal donker. Ik had niet het flauwste idee hoe veilig of onveilig de buurt was.

'Achter de windmolens,' zei een taxichauffeur toen ik hem de weg vroeg.

Twee uur lang dwaalde ik rond. Geen feest te vinden. Het enige wat ik hoorde waren fabrieksmachines en blaffende rottweilers.

Ik vroeg me af of het misschien geannuleerd was. Ik duizelde van angst. Morgen word ik hier met opengesneden keel teruggevonden, dacht ik.

Ik rende terug naar het station, maar de laatste trein terug naar Centraal was allang weg. Geen mens te bespeuren. Ook geen taxi's meer.

Ik ontwaarde een fietser in de verte. Schoot in paniek. Misschien was het een gewapende gangster.

Het bleek een Indische jongen te zijn. Met bakkebaarden en een kuiltje in zijn kin.

'Ben je ook op zoek naar het feest?' vroeg hij. 'Spring maar achterop.'

Ik kon me niet herinneren wanneer ik voor het laatst achter op een fiets had gezeten.

Tien minuten later reden we een loods binnen. Net achter de windmolens, maar aan de andere kant van de snelweg. De geur van zoete wierook vulde de lucht. Een geconcentreerde deejay speelde uitbundige elektronische beats. Een jongen met elfenoren en een fluorescerende spiraal op zijn slapen getekend speelde mee op een djembé.

Tweehonderd kleurrijk uitgedoste feestgangers glimlachten naar me. Ik was vergeten hoe het voelde glimlachjes te krijgen van onbekenden.

'Jij hebt de melkweg uit je boezem komen,' fluisterde de Indische jongen toen hij de sterren op mijn T-shirt zag.

Op het zijne stond een bambi. Daaronder LUV ME. Hij had de zwartste ogen die ik ooit had gezien.

Jij hebt oneindigheid uit je ogen komen, dacht ik.

'Ik ben Lotus,' informeerde hij me, en hij legde een driehoekig pilletje op m'n tong.

Toen haalde hij een soort kruid uit zijn broekzak. Wreef het over de rug van mijn hand.

Verse lavendel. Ik was vergeten hoe lavendel rook.

Niet veel later kusten we. Onmogelijk te zeggen wie ermee begon. Zijn zoenen smaakten naar zoute drop en naar lang vergeten geluk. Hij was de beste kusser die ik ooit was tegengekomen. Kwam dat door het pilletje of was hij bijzonder getalenteerd? Of konden alle Indische jongens zo goed kussen?

We kusten en dansten tot zes uur 's morgens.

Toen gleden de fabriekspoorten open.

Blauwe lucht. Zonlicht. We vielen neer op het gras achter de loods, aan een kabbelend riviertje. De wereld had er nog nooit zo mooi geordend uitgezien.

'*We are the new world order!*' riep een jongen met parels in zijn haren. '*Long live the dictatorship of love!*'

Lotus liet me verse jasmijn ruiken. Ook weer uit zijn broekzak.

Iemand haalde een kist kokosnoten tevoorschijn. Het is me nog steeds een raadsel waar die opeens vandaan kwam.

'Van de boot gevallen,' dacht Lotus.

Met een zakmes sloeg hij een kokosnoot voor me open en goot het verse kokoswater in mijn mond. Het sap droop over mijn kin, en teder veegde hij mijn lippen en kin af met de rug van zijn hand.

'Hoe oud ben je?' wilde ik weten.

'Zeventien.'

O mijn god, dacht ik.

'Blijf je bij mij slapen?' murmelde hij.

Ik wilde zo graag. Maar was bang dat ik me slecht zou gaan voelen als het pilletje was uitgewerkt en ik mezelf in bed zou vinden met iemand die half zo oud was als ik.

'Ik heb van alles te doen in Brussel vandaag,' loog ik.

Hij liep mee naar het treinstation. Op een bankje op het perron kusten we weer. Ik zag het kuiltje in zijn kin. Het heelal in zijn lachende ogen. LUV ME op zijn T-shirt.

Mijn trein kwam eraan. Stopte.

We kusten verder.

Mijn trein vertrok. Zonder mij.

'Ik wil met je vrijen,' fluisterde hij weer.

Hij stak zijn handen onder m'n T-shirt. Streelde mijn buik. Liet zijn vingertoppen over mijn rug glijden. Aaide mijn wangen met zijn zwarte haren. Hij zag er zo mooi uit dat ik hem voor altijd bij me wilde houden.

Waar ben ik nu eigenlijk bang voor? vroeg ik me af. Dat ik me achteraf een geschifte, immorele vrouw van middelbare leeftijd zal voelen, of dat hij me oud en lelijk vindt als hij weer nuchter is? Of was ik gewoon het slachtoffer van mijn opvoeding en moest ik het toch maar doen?

Ik herinnerde me plots dat Gabriel García Márquez in zijn

autobiografie verhaalt hoe hij als vijftienjarige de gelukkige minnaar was geweest van een vrouw van achter in de dertig. En misschien waren Indische jongens wel vroegrijp.

Ik gooide een muntstuk op. Kop.

'Het kan echt niet,' mompelde ik.

We kusten elkaar nog een uur langer in de zon.

'Kom, we wisselen van T-shirt,' opperde hij net voor de trein aankwam. We trokken onze T-shirts uit op het bankje op het verlaten perron.

Tegen de middag was ik terug in Brussel. De stad was in een stinkende bruine nevel gehuld. Een halfnaakte zigeunerjongen toonde de bochel op zijn rug. *'Un peu de monnaie, madame, s'il-vous-plaît.'*

Een grijze accordeonist speelde droevige deuntjes in een hart van verwelkte anjers. Een troepje tieners met getrokken messen rende erdoorheen.

De man keek op. Braakte een waterval van bloed.

Thuis viel ik huilend in slaap in Lotus' LUV ME-T-shirt.

DRUKKE TIJDEN

Later die zomer, achter mijn bureau tussen de stapels kranten en boeken in het huis van de professor, kreeg ik een mailtje van Anabel en Balthazar: 'We verhuizen samen naar Big Sur!'

Ik sloot me eerst een halfuur op in het toilet om te wenen.

Daarna belde ik Saskia.

'Schrijf je toch in op een datingsite,' moedigde ze me aan. 'Maar ga voor iets serieus nu, iets duurzaams.'

Ik surfte wat en schreef me in op een datingsite, terwijl de professor zich nog een whisky inschonk in zijn kristallen glas, zijn bril rechtzette en met een vergulde schaar het koordje doorknipte van een nieuwe stapel pas aangekomen boeken over Belgische politiek.

Ik ging grondig en efficiënt te werk. In tegenstelling tot Saskia, die de neiging had al haar energie aan één man per keer te wijden, met wie ze eerst wekenlang mails uitwisselde alvorens af te spreken, selecteerde ik vijfendertig mannen tegelijk en maakte meteen een afspraak voor een ontmoeting in levenden lijve. Speciaal voor de gelegenheid kocht ik een agenda.

Ik spurtte door een reeks afspraakjes met mannen van mijn leeftijd. Er zat een informaticus bij en een leraar, een kok en een textielhandelaar, een piloot en een werkloze, iemand die iets deed bij de Europese Commissie en iemand die iets deed bij het Europees Parlement. Ik had afspraken voor brunches, lunches, borrels en dinertjes. Soms twee keer per dag. Alle bars en restaurantjes van Brussel leerde ik kennen.

Mijn dates hadden het over zaken als hun exen, hun carrière, televisieprogramma's, vakantiehuisjes in Frankrijk, mijn benen en de prijzen van vastgoed. Een paar nam ik uit pure verveling mee naar bed. Ik herinner me er niets meer van, behalve dat er eentje bij was die een huidkleurige onderbroek droeg. Ik zag niet in wat zij konden bijdragen aan de kwaliteit van mijn leven en nam geen enkele in overweging voor een tweede afspraakje.

'Je vergist je!' brulde Saskia. 'Je zult voor altijd eenzaam en alleen zijn!'

Maar ik bleef koppig verder surfen.

En toen kwam ik Luka tegen. Op een internetforum voor elektronische muziek. Luka was een deejay. Veertien jaar jonger dan ik. Voor ons eerste afspraakje koos hij het dak van het hoogste gebouw in de stad. Onze tweede date speelde zich af in een speeltuin 's nachts na sluitingstijd. Onze derde date in een opblaasbaar luchtkasteel.

Hij had altijd buitenlandse gasten in huis die in zijn woonkamer op de bank sliepen en op matrassen in de gang: jonglerende Zuid-Afrikanen en vuuretende Israëliërs en veejayende Canadezen en Amerikaanse graffitikunstenaars.

Twee maanden lang bedreven we te pas en te onpas de liefde en trokken we samen van feest naar feest. Geweldig vond ik het allemaal. Ik was vierendertig en mijn leven begon pas.

Tot hij me dumpte, op een geheim feestje ergens in onderaardse grotten, voor een ravemeisje dat leek op een jonge Sophia Loren met dreadlocks. Weken heb ik om hem geweend – op kantoor, in de supermarkt, bij de bakker, op de stoep.

'Seks met Luka was de beste seks ooit,' snikte ik tegen Saskia.

'Elke laatste keer is voor jou de beste,' snoof zij.

Misschien moest ik toch maar naar haar luisteren, dacht ik toen, misschien moest ik toch wat conventioneler worden in mijn keuzes. En ik selecteerde op een datingsite een ambassadeurszoon van adellijke afkomst met een diploma van een Amerikaanse elite-universiteit en een topfunctie bij een multinational in palmolie. Dat beweerde hij tenminste. Sas vond hem geweldig maar Anabel verdacht hem ervan bloeddiamanten te smokkelen, of wapens.

Voor zijn werk reisde hij naar Nigeria en Brazilië. Hij had een chalet in Gstaad, een appartement in Monaco en een villa op de Bahama's. Hij beval me nooit ondergoed te dragen als we samen uitgingen.

Achteraf bekeken was hij een grote snob met compulsieve, obsessieve en psychopathische neigingen. En bovendien een aartsrechtse conservatieveling. Maar hij leerde me James Bondfilms te waarderen, waarvan hij de volledige collectie had, en al kon hij me vreselijk kwaad maken, hij was een fantastische minnaar en had de gave gevoelige plekjes te vinden die ik zelf niet eens kende.

Ik verliet hem de dag dat ik op zoek was naar een schone handdoek en in een lade in zijn kleerkast een paar naaldhakken vond in zijn maat. Ik ben ruimdenkend en verdraagzaam; als hij naaldhakken wilde dragen had ik daar geen problemen mee. Waar ik niet mee om kon gaan, was zijn woede en ontkenning toen ik hem ernaar vroeg.

Ik ruilde de ambassadeurszoon in voor een Hongaar met smaragdgroene ogen, die me elegant zwart ondergoed cadeau deed en die tango danste en erotische haiku's schreef en ervan hield seks te hebben op plaatsen waar het risico om betrapt te worden nagenoeg zeker was. Zoals om de hoek van de binnentuin van het Japanse restaurant waar we sushi aten, in de lift van het Hilton, in de lift van de grootste bioscoop van de stad, op de overloop in zijn flatgebouw, voor het open raam van zijn woonkamer met alle lichten achter ons aan, op klaarlichte dag in zijn auto, midden in de winkelstraat.

Ik hield intussen ook van dat soort seks, en altijd al van haiku's, maar hij werkte voor een farmaceutisch bedrijf en ik vond hem toch iets te veel van een handelaar hebben. Ik speelde hem uiteindelijk door aan Sas.

Vervolgens vond ik een Breton, die mijn aandacht trok op een datingsite omdat hij van Corto Maltese hield, net als ik.

We spraken af in het park bij de abdij, op een druilerige nacht in maart. Hij droeg een blauwe matrozenjas met gouden knopen.

Ik nam hem mee naar huis, en in mijn keuken vroeg hij me mijn hoge zwarte laarzen aan te doen en *dominatrix* te spelen.

Tot mijn verbazing voelde ik me geweldig in die rol.

Maar na één keer was ik het al beu. Ik wilde normale seks.

Daarop maakten de Breton en ik samen een profiel aan op een andere datingsite, onder de naam Clarissa O'Hara, waarmee we hoopten een meisje op te scharrelen om met z'n drieën te spelen. Een poging die mislukte, omdat ik te kieskeurig was.

EEN VAARDIGE BEELDHOUWER

'Je bent zo ongelooflijk oppervlakkig bezig!' preekte Saskia toen ze in haar nieuwste, van haar Hongaar gekregen kobaltblauwe glitterjurk bij me kwam logeren. 'Dit soort dates wil je toch helemaal niet?!'

'Juist wel! Het is leuk! Ik amuseer me!'

'Je wilt meer dan alleen maar leuk en amusement! Wat je wilt is iemand die om je geeft! Iemand die je liefdevol vastpakt, iemand die van je houdt en van wie jij houdt!'

'Maar ik hou altijd van iedereen met wie ik seks heb!' Dat was de waarheid. Volstrekt de waarheid.

'Je weet niet wat houden van is! Je moet de regels volgen! Geen seks voor hij je trouw zweert!'

'Dat zou fake zijn, en manipulatief. Als je je fake gedraagt, dan krijg je fake.'

Bovendien had ze zelf toegegeven dat ze zich met de Hongaar niet aan de regels had gehouden.

'Als je seks opvat als een spel, dan krijg je spel. In echte liefde gaat het niet om het najagen van kicks, maar om elkaar het dagelijkse leven aangenaam te maken!'

'Je moet zelf je dagelijkse leven aangenaam zien te maken! Liefde is alleen maar de kers op de taart.'

'Stop met dat inhoudloze gerotzooi!' siste Anabel aan de telefoon. Ze vond me nog maar zelden een 'lieverdje' in die tijd. 'Je verspilt je tijd en energie!'

Zij en Balthazar woonden nu in een yurt, ergens in het Santa-Luciagebergte, zonder telefoonverbinding. Om me te bellen moesten ze twintig kilometer rijden over een smalle, kronkelige bergweg naar het dichtstbijzijnde benzinestation.

'Misschien is mijn behoefte om vrij te zijn groter dan mijn behoefte aan een vaste relatie,' verdedigde ik me. 'Geef me Balthazar maar even.'

'Schatje, je kan seks beschouwen als louter recreatie of als middel tot intimiteit en verbondenheid,' zei die, even kalm en cool als altijd. 'Het is allemaal oké. Het hangt ervan af wat je wilt.'

'Het is niet allemaal oké!' riep Anabel op de achtergrond.

'Hoe definieer je intimiteit en verbondenheid, wanneer spreek je van intimiteit en verbondenheid?' vroeg ik Balthazar.

'Schat, bid tot Great Spirit, dat Hij je intimiteit en verbondenheid toont.'

Anabel nam de hoorn weer van hem over. 'Wanneer ga je beseffen dat seks waardeloos is zonder emotionele en spirituele band?' Ze riep zo hard dat ik de hoorn van m'n oor af hield. 'Zodra je echte innerlijke vrijheid hebt gevonden, zal je vrijwillig kiezen voor trouw en exclusiviteit, omdat dat nu eenmaal meer voldoening geeft!'

Een fractie van een seconde dacht ik dat ze misschien gelijk had.

Maar het was niet alsof ik de keuze had.

'Ik zie gewoon wat en wie er op mijn pad komt en maak er dan het beste van,' antwoordde ik. 'Zoals een vaardige beeldhouwer, die geen materiaal onbenut laat.'

En ik hing op.

PERZISCHE LIEFDESTHEE

Die lente dwaalde ik door de straten van Brussel, piekerend over verbondenheid en intimiteit. Op eerste paasdag kwam ik een Iraanse asielzoeker tegen, niet op het internet deze keer, maar op het Centraal Station. We liepen elkaar letterlijk tegen het lijf. Ik rende de trappen af, hij kwam naar boven gelopen.

'Oeps,' zei ik.

'Ola,' zei hij en greep me vast zodat ik niet zou vallen.

'Dank je wel,' mompelde ik, en ik rukte me los en wilde verder rennen. Maar hij lachte zo mooi, ik keek nog even over m'n schouder.

Hij had zich omgedraaid en stond stil, midden op de trappen, mijn kant uit kijkend, met zijn handen op z'n heupen.

'Niet zo snel!' riep hij luidkeels. 'Doe het wat langzameraan! Als je zo snel holt mis je een hoop onderweg!'

'Hoe sneller ik hol, hoe meer ik te zien krijg!' riep ik terug.

'Ik stel voor dat we de kwestie bespreken bij een kopje thee!'

Ik moest een trein halen. Ik had een kaartje naar zee gekocht. Maar hij had zwarte krullen en bakkebaarden. En zijn ogen waren warmbruin als Grand Marnier.

Een kwartier later zaten we in een oud Brussels café met houten tafeltjes en antieke spiegels aan de wand. Hij dronk thee, ik rode wijn.

Hij heette Sakhr, Farsi voor 'rots'. Zijn wenkbrauwen waren groot, borstelig en hoekig als die van een stripfiguur. Hij kwam uit een soefifamilie. Zeven jaar lang had hij kalligrafie gestudeerd aan de universiteit van Teheran. Zo iemand, daar heb ik bewondering voor.

Zolang zijn asielaanvraag liep, mocht hij niet werken. Elke dag las hij een boek, afwisselend in het Nederlands en in het Frans, om bij te leren.

Hij bleef maar thee drinken en ik wijn. Zes uur lang zaten we onafgebroken te praten. Toen we afscheid namen bij de tramhalte op de hoek van de Grote Markt wilde ik hem op de mond kussen, maar hij duwde me zacht van zich af. 'Niet zo snel! Als je zo snel gaat, mis je een hoop onderweg!'

'Oeps,' zei ik weer.

'Wat is je telefoonnummer?' vroeg hij.

Ik wilde het opschrijven, op zijn buik desnoods, maar kon geen pen vinden.

'Zeg het me,' zei hij, 'ik onthoud het wel.'

Ik dacht dat ik nooit meer wat van hem zou horen.

De dag erop belde hij me en nodigde me uit voor thee bij hem thuis.

Hij woonde in een armzalig kamertje, samen met zijn hond, een dalmatiër. Boven zijn kleine stalen bed hing een wereldkaart.

Hij schonk thee met gedroogde paarse bloemetjes die kwamen bovendrijven en opengingen als je er water op goot. 'Perzische liefdesthee,' zei hij. 'Thee die je dichter bij God brengt.'

Hij zag er te sexy uit om over God te praten, dacht ik.

Hij leek m'n gedachten te raden. 'God is liefde,' zei hij. 'En ik ben God. Jij bent God. God is in iedereen.'

Als God bestond, leek het me aannemelijk dat hij op Sakhr leek. Dat Hij Sakhrs ogen had en Sakhrs lach.

Sakhr was geboren in het jaar voor de Revolutie. Hij was een stuk jonger dan ik. Ik was er intussen al aan gewend dat ik jongere mannen sexy vond, en dat ze zoveel wijzer waren dan ik.

Hij vertelde me hoe het was om op te groeien in Iran, over de constante vrees en terreur. Over hoe hij als kind zijn ouders vijf keer per dag gebeden hoorde prevelen op de dikke tapijten. Over hoe hij en zijn vrienden en vriendinnen in het geheim dansten, in het geheim popmuziek maakten, omdat dansen en popmuziek illegaal waren. Hoe ze elkaar in het geheim verboden boeken doorgaven, en cd's. Over vrienden en vriendinnen die lijf-straffen hadden gekregen en in de gevangenis waren verdwenen, omdat ze betrapt waren op een feestje.

Hij vroeg me hoe het was, opgroeien op het Nederlandse platteland.

'Saai,' zei ik.

Hem leek het idyllisch.

De hele lente lang ging ik een paar keer per week theedrinken bij Sakhr. We luisterden naar muziek: pop, rock, jazz, klassiek, elektronisch, en hij las me soefiverhalen voor.

Pas twee maanden later, op een zaterdagmiddag in juni, kuste hij me en bedreven we de liefde. Met Perzische underground-rock op de achtergrond. Die middag brak buiten een onweer los. De donder kraakte zo hard dat het leek of de aarde openbarstte. De bliksem verlichtte alle hoeken van zijn kamer.

Hij had de perfecte dosis borsthaar, waar ik niet van af kon blijven. Ik hield van zijn borsthaar en van de geur van zijn lichaam. Zijn huid was zuiver afrodisiacum voor de mijne en mijn lichaam reageerde op het zijne alsof we eeuwenlang minnaars waren geweest. Hoe en waar hij me ook streelde, alle vezels van mijn lichaam schoten wakker.

Die middag volgde mijn hoofd het ritme van mijn bekken als nooit tevoren en het kleine stalen bed golfde en deinde alsof we in een roeiboot op zee lagen. Alle donshaartjes op mijn lichaam stonden overeind, mijn hele huid ademde, tot in mijn vinger-toppen en teenkootjes. Mijn lijf had met mijzelf niets meer te maken. Het werd een entiteit op zich. Een entiteit die een dier be-minde oude speelmakker was tegengekomen.

Achteraf voerde Sakhr me Iraanse lekkernijen van dadels en honing, amandel en kaneel. Hij bedekte mijn gezicht met vlin-derkusjes en fluisterde tedere obsceniteiten in m'n oor. Hij bleek een meester in het fluisteren van tedere obsceniteiten.

Een dag later belde hij om te vragen of hij langs mocht komen. Ik hoorde aan zijn stem dat er iets mis was. Hij komt zeggen dat het een vergissing was, dacht ik.

Een halfuur later stond hij voor de deur. Een reistas over de schouder. Zijn dalmatiër aan zijn zijde. Hij zag er bezweet en verwaaid uit.

'Mijn asielaanvraag is geweigerd,' zei hij.

Ik slikte. Met zoiets had ik geen rekening gehouden.

'Moet je terug naar Iran dan?'

Hij slikte eveneens.

'Ja, maar ik wil niet. Ik heb een ander plan.'

'Wat dan?'

Hij weigerde te zeggen wat zijn plan was. Weigerde binnen te komen. Ik weet niet wie van ons tweeën er het wanhopigst uitzag. Ik zag de rimpels en de zweetpareltjes op zijn voorhoofd. Voelde de tranen branden in mijn ogen.

'Ik moet vertrekken. Vandaag. Nu. Iemand wacht ergens op me. Iemand die me kan helpen.'

We bleven in de hal staan. Het was fris die dag en hij droeg een mokkakleurige wollen coltrui.

Ik wist niet wat ik moest zeggen. Hij trok me tegen zich aan. Zijn vingers vervlochten zich met de mijne. Onze neuzen wreven tegen elkaar. Ik schoof zijn trui omhoog en vlijde mijn hoofd tegen zijn blote huid, en voelde zijn zachte, warme borsthaar weer. Hij trok zijn trui uit en de mijne ook en nam me in zijn armen. Mijn huid raakte de zijne. We stonden daar, aan elkaar vastgekleefd, konden elkaar niet loslaten. Het eindigde met een uitzinnige vrijpartij in de hal voor mijn deur.

'Ik hield al van je,' zei hij toen hij weer aangekleed was. Hij trok me nog eens tegen zich aan.

'Dank je,' zei ik. 'Veel geluk.' Meer kon ik niet bedenken.

'Het is oké te verlangen dat iemand van je houdt. Het is een geldig verlangen,' zei hij nog. Hij kneep in m'n hand. Ik kneep in de zijne.

Toen hij weg was, weende ik. Ik weende omdat er landen waren als Iran. Ik weende omdat ik me niet kon herinneren wanneer een man me had gezegd dat hij van me hield. Ik weende omdat ik me herinnerde dat ik ooit, lang geleden, met Max op een matras op een rieten vloer, meende te weten dat liefde te maken had met tederheid en met samen veel en onbekommerd lachen. En ik weende omdat ik me het gevoel niet kon herinneren.

Een paar dagen lang waste ik me niet, om Sakhrs geur op mijn huid te behouden. Een paar weken lang bleef ik wenen. Maar mijn dankbaarheid hem te hebben ontmoet, was groter dan mijn verdriet. Ik had met God geslapen.

DE WARE

In augustus werd Brussel getroffen door een hittegolf. Ik probeerde tocht te creëren in het huis van de oude professor door alle ramen wagenwijd open te zetten. Geregeld vlogen er duiven naar binnen en het kostte me altijd de grootste moeite ze er weer uit te krijgen.

Ik had er net een verjaagd en was bezig de met duivenpoep bezaaide kranten en politieke rapporten te ordenen die door ons gevecht her en der over het grijze wollen tapijt verspreid waren geraakt, toen mijn computer aangaf dat ik mail had.

Ik keek op, op mijn knieën op de vloer tussen mijn kranten en rapporten, met een kop zwarte koffie in mijn handen, en zag dat het een bericht van Max was.

Ik morste de koffie over mijn jurk en over de kranten, over de rapporten en het tapijt, sprong op en installeerde me op de versleten bruinlederen draaistoel achter mijn bureautje.

'Ben de hele maand augustus in Parijs voor werk,' las ik. 'Kom een keertje langs!'

We hadden geen contact meer met elkaar gehad sinds onze closure en sinds hij naar New York was teruggekeerd, alweer meer dan anderhalf jaar daarvoor. Bijna twee jaar, zelfs.

Had ik nog aan hem gedacht intussen? Zeker wel, maar nooit lang. Ik dwong mezelf het kort te houden. En zodra ik ophield aan hem te denken, vergat ik dat ik aan hem had gedacht. Of dwong ik mezelf te vergeten dat ik aan hem had gedacht.

Ik bleef staren naar de woorden op het scherm. Wist niet wat ik ervan moest denken. Dacht niets. Wist ook niet wat ik veronderstelde was te voelen. Voelde niets. Maar mijn hart klopte sneller en ik hapte een paar keer naar lucht.

Diezelfde dag kreeg ik telefoon van Saskia. 'Ik ga weer studeren!' riep ze. 'Ik ga me inschrijven voor een opleiding tot psychologisch assistente! Ik begin in september!'

Ze leek me de onwaarschijnlijkste psychologiestudente ter wereld, maar ik moedigde haar aan. Ik was blij dat ze eindelijk enthousiasme opbracht voor iets anders dan shoppen.

Langs mijn neus weg liet ik weten dat Max me uitgenodigd had naar Parijs te komen.

'Hemeltje lieve god! Wáág het niet te gaan!' waarschuwde ze.

'Hé, we hebben closure gehad. Mogen we gewoon vrienden zijn, alsjeblieft?'

'Hij is waardeloos! Hij is getrouwd! Hij gaat je weer aan het lijntje houden!'

'Hij is trouw aan zijn vrouw en ik respecteer hem daarvoor. En hij is trouw aan onze vriendschap, waarvoor ik hem dankbaar ben.'

'Zolang je hem niet volledig uit je leven hebt gebannen, zal je de ware niet vinden!'

'De ware! De ware vinden, met wie ik eeuwig gelukkig zal zijn en wiens hemden ik mag strijken! De fucking ware is een door de maatschappij opgelegd begrip. Waarom zou er maar één ware voor je zijn? En zou je ook verliefd worden en over de ware spreken als je zoiets niet met de paplepel ingegoten had gekregen?'

'Je moet niet zoveel nadenken,' vond ze. 'En netter spreken.'

Tegenover Anabel zweeg ik in alle talen over de uitnodiging van Max.

BLOEMBLAADJES

De hele maand augustus bleef het moordend heet. Er waren dagen dat het zo warm was dat de duiven dood van het dak vielen en de inkt in de stempelautomaten in de trams en bussen smolt van de hitte.

Ik ging niet één keer naar Parijs die maand, maar tien keer. Mijn bankrekening eindigde totaal in het rood. Twee volledige weekends ging ik, en twee avonden per week.

Ik had de professor om toestemming gevraagd die maand af en toe iets vroeger te vertrekken. Hij vroeg me niet waarom, en ik legde het hem niet uit. Hij gaf me niet alleen toestemming, hij moedigde me zelfs aan. En zo sprong ik elke dinsdag en donderdag om kwart over vier op de hogesnelheidstrein, bracht de avond en de nacht met Max door in Parijs en spoorde 's morgens vroeg weer terug naar Brussel.

Tijdens onze Parijse ontmoetingen wandelden Max en ik urenlang, dagenlang, nachtenlang onder de bomen langs de Seine en tussen de marmeren fonteinen en de beeldhouwwerken in de

Jardin du Luxembourg. We zwierven rond in het Louvre, struinden door boekwinkels, door de steegjes en tussen de bruggen, dronken rode wijn op terrasjes en probeerden restaurantjes uit – we waren nog nooit samen in restaurants geweest, als student hadden we daar geen geld en geen belangstelling voor gehad – en gingen vaak naar zwart-witfilms in piepkleine oude bioscopen die naar tabak roken.

Max kwam twee weekends en acht avonden naar Brussel. Ook daar dwaalden we door de straten en brachten we hele avonden door in het Filmmuseum. We dronken bier met frambozensmaak, bier met kersensmaak, bier met perzikensmaak, en aten Belgische gerechten zoals gegratineerd witloof en konijn in biersaus – wat ik afschuwelijk vond – en mosselen en ribbetjes en waterzooi, maar het meest hielden we van een simpele steak bearnaise met frieten.

Tijdens onze nachten samen lachten we veel en spraken we over vroeger en over nu, over onze levens en over het leven, over de boeken die we hadden gelezen en de films die we hadden gezien. Maar nooit over zijn vrouw of over mijn liefdesleven.

Sas wil het nog steeds niet geloven, maar die zomer raakten Max en ik elkaar niet aan. In zijn Parijse hotelkamer stonden twee bedden en als hij naar Brussel kwam, sliep hij op mijn bank.

We gaven elkaar een kus op de wang bij aankomst en een kus op de wang ten afscheid. Dan voelde ik zijn hart kloppen tegen mijn borst en soms kon ik zijn adem ruiken.

Die hele snikhete augustusmaand lang verbaasde ik me over de man die hij intussen was geworden. De uren, dagen, nachten die we samen doorbrachten dwarrelden voorbij als bloemblaadjes in de zomerbries, en ik voelde me licht en blij en sereen als een Italiaans popliedje uit de jaren zeventig. En ik dacht: dit gevoel wil ik bewaren.

Ik wuifde Max uit op Paris De Gaulle, op een benauwde zondagmiddag begin augustus. De hele rit in de metro hadden we gezwegen. Toen hij door de douane moest, kuste ik hem op de wang en hij omhelsde me. Hij grijnsde en ik lachte.

In de trein terug naar Brussel dwong ik mezelf op te houden aan hem te denken.

WASABI

Om niet steeds aan Max te denken, en ook niet aan Sakhr, verplichtte ik mezelf vijf verschillende profielen aan te maken, op drie verschillende datingsites.

Uiteindelijk plukte ik een jongen van een site wiens bijnaam Wasabi was. Ik selecteerde hem omdat hij op zijn profiel een hele reeks Japanse auteurs vermeldde. We wisselden geen foto's uit. In onze e-mailconversaties hadden we het uitsluitend over Japanse literatuur.

Na tien dagen vroeg hij om een foto van mijn voeten. Ik had nog geen digitale camera, maar ergens uit een kartonnen doos in mijn kelder diepte ik een polaroidcamera op. Ooit nog in L.A. gekocht. Op een zaterdagnamiddag kocht ik twee filmrolletjes en maakte een serie portretten van mijn blote voeten, op het parket in mijn woonkamer. Mijn enkels gekruist, mijn teennagels koperkleurig gelakt.

Op een nevelachtige nacht ging ik de foto's verstoppen in een achttiende-eeuws Brussels park, met symmetrisch aangelegde terrastuinen. Bloemen waren er niet, alleen heesters en hagen in geometrische patronen. Er was geen maan die nacht en ik weet nog

dat ik geritsel in het struikgewas hoorde en grote vogels zag op-
vliegen. In het midden van het park stond een middeleeuwse abdij. Daar verborg ik de foto's, in een nis met een mystiek schilderij van een doolhof, met daaronder in zwarte gotische letters: GHY
KUNT TOT DIE EENE NIET KOOMEN, ZONDER ROND TE DOOLEN.

Wasabi wachtte me op, ergens in het park, ik wist niet waar.
Via mijn mobiel gaf ik hem aanwijzingen. Boven op de monu-
mentale stenen trappen, naast een Lodewijk de XIV-fontein, keek
ik toe terwijl hij de nis vond.

Het was te donker om zijn gezicht te kunnen zien, maar achteraf hoorde ik dat hij laaiend enthousiast was over mijn voeten.

Ik had wel eens van voetenfetisjisten gehoord. Hij was er zo
een.

Wasabi was half Europeaan, half Japanner. Hij had grote aman-
delvormige ogen. Delicate handen. Zijn valkenneus was het enige
aan hem dat er Europees uitzag. Hij had de charmante zelfverzekerdheid, trotse lichaamshouding en vriendelijke bescheiden-
heid van een man van de wereld die een geprivilegieerde opvoeding had genoten. Hij moet ongeveer een meter tachtig zijn
geweest, met een gemiddelde lichaamsbouw, maar zijn dijen en
billen waren verhoudingsgewijs zeer fors en gespierd. De dijen
en billen van een elitesporter. Ah, zijn dijen. Ah, zijn billen.

Hij droeg een ultramodern Japans designuurwerk en dure,
strakke, zwarte pakken met prachtige witte hemden. De volmaakt-
ste witte hemden die ik ooit had gezien, zonder das, de kraag open.
Hij had steeds een aktetas bij zich.

Ik heb hem nooit naar zijn beroep gevraagd, vond het span-
nender het niet te weten. Onze gesprekken beperkten zich tot het
uitwisselen van film- en boekentips.

Over zijn hele rug stond in witte inkt een Japanse tekst geta-
toeëerd. Hij heeft me nooit willen zeggen wat het betekende.

'Een heilige tekst,' was alles wat hij erover losliet.

Een paar maanden lang kwam Wasabi me opzoeken in mijn appartement. Ik woonde destijds op de vijfde verdieping van een klein gebouw uit 1958, met zicht op de toppen van beuken en kastanjebomen.

Wasabi kwam steeds op zondag. Soms in de voormiddag, soms in de namiddag. Altijd stipt op tijd. Ik wachtte hem op in de oude zandkleurige fauteuil die ik op een Brusselse rommelmarkt had gekocht. De stoel rook naar een mengsel van rozenwater en vanilleolie.

Hij had me opgedragen nooit iets anders te dragen dan een oversized wit herenhemd en een wit kanten boxershortje als we elkaar zagen.

Elke keer bracht hij een paar vintage schoenen voor me mee. Hoge zwarte Italiaanse pumps met ronde neuzen uit de jaren zeventig. Flesgroene suède enkellaarsjes met afgeronde hakjes uit de jaren tachtig. Platinakleurige sandaaltjes met fijne enkelbandjes. Pistachekleurige muiltjes met zilveren cirkeltjes ter hoogte van de wreef. Oranje espadrilles met plateauzolen en brede linten die hij om mijn kuiten bond. Tangoschoentjes van zwart fluweel met gekruiste enkelbandjes.

Hij had vooral iets met enkelbandjes.

Hij begon altijd eerst mijn voeten te strelen en te kussen. Hij gebruikte zijn handen, zijn lippen, zijn tanden, zijn tong. Tientallen minuten lang, zonder iets te zeggen. Af en toe richtte hij dan zijn hoofd op en keek me aan en glimlachte.

Na een tijdje deed hij me de schoenen aan die hij voor me had meegebracht en vroeg me te poseren, in de fauteuil, terwijl hij polaroids van me nam, een halfuur lang of langer nog.

Daarna trok hij de schoenen langzaam uit en kuste mijn voeten weer, en mijn enkels en kuiten, en liet zijn lippen omhoogglijden, naar mijn knieën en dan mijn dijen, opnieuw tientallen minuten lang.

Vervolgens opende hij zijn aktetas en haalde er een flesje zwarte Japanse inkt uit en een penseel. Een penseel van wolven- en hertenhaar.

Het volgende uur bracht hij door met het schilderen van kalligrafische teksten op de bovenkant van mijn voeten en op mijn benen en de binnenkant van mijn dijen, terwijl ik met mijn rug tegen de leuning zat, met mijn benen gespreid. Op de achtergrond steeds de door hem geselecteerde cooljazz.

Als hij klaar was, beval hij me me om te draaien en dwars over de zetel te gaan liggen, met mijn hoofd op de ene armleuning en mijn billen op de andere. Dan trok hij langzaam, millimeter voor millimeter, mijn kanten boxershort uit. En uiteindelijk beschilderde hij de achterkant van mijn benen: enkels, kuiten, dijen, en tot slot, het moment suprême, mijn billen.

Ik hield altijd mijn herenhemd aan.

'Wat schrijf je dan?' heb ik hem een keer gevraagd.

'Dat je voeten en je benen en je billen van mij zijn.'

Ik hield van het gevoel van het penseel op mijn voeten, op mijn benen, op mijn dijen en vooral op mijn billen. En meer nog van het gevoel een week lang rond te lopen met Japanse teksten verborgen onder mijn *stay-ups*, zonder dat iemand het wist.

EL DORADO

Om een of andere reden weigerde Wasabi me te penetreren, en na een tijdje begon dat me te frustreren. Ik beantwoordde zijn sms'jes niet langer en op een namiddag eind december plukte ik een Italiaan met de nickname El Dorado van het internet. Ik selecteerde hem om twee redenen: zijn lievelingsfilms waren Wong

Kar Wais *2046* en *In the Mood for Love*, net als de mijne, en in het rubriekje 'ideale rendez-vous' had hij geschreven: *'Sipping al fresco at the patio.'*

Ik wist niet wat 'al fresco' betekende – ik dacht dat het een drankje was – maar ik vond het stijlvol klinken.

Puur uit nieuwsgierigheid en voor de lol wilde ik Saskia's regels eens uitproberen. Ook al gingen ze tegen mijn principes in.

Tijdens ons eerste rendez-vous was Brussel ijskoud maar strakblauw. Ik droeg een fuchsiakleurig rokje, een knalrode coltrui, een dikke schapenwollen jas, roze wollen kousen en oudroze suède schoentjes met kleine hakjes en enkelbandjes, en ik wist dat ik er goed uitzag. Vliegtuigen trokken zilveren strepen door de lucht en ik vloog over de stoep en maakte oogcontact met alle mannen die ik tegenkwam, zelfs met degenen aan de overkant van de straat, en ze glimlachten allemaal terug.

Ik kwam vijftien minuten te laat bij de Brusselse bistro waar ik met El Dorado had afgesproken. Hij had mijn foto gezien, maar ik de zijne niet.

Een zuidelijk type met een gouden ketting, een te strak T-shirt en een wijnrode polyesterbroek stond kauwgom kauwend te wachten bij de ingang.

O nee, dacht ik, en ik maakte rechtsomkeert.

Twee seconden later tikte iemand op mijn schouder.

Iemand met laguneblauwe ogen, kort lichtbruin haar, een discreet, hip, zwart pak en een zwart hemd.

'Hou jij misschien van *2046* en *In the Mood for Love?*' vroeg hij.

Zijn stem was zacht. Hij heette Matteo. De donjuan bij de ingang bleek de portier te zijn.

We installeerden ons op het verwarmde terras en bestelden allebei een glas witte wijn met champagne – een Brusselse specialiteit – en een portie olijven.

Denk aan de regels, denk aan de regels, herhaalde ik in mezelf.

We spraken vijftien minuten lang over champagne en witte wijn, over groene olijven en zwarte olijven, over Spaanse olijven en Italiaanse olijven.

Toen vroeg ik hem: 'Waar kom je vandaan in Italië?'

Hij pakte mijn hand, legde die met de handpalm open op het houten tafeltje, tekende er met zijn wijsvinger de kaart van Italië op, duidde net boven de voet van de laars Amalfi aan, en liet voor de rest van de avond mijn hand niet meer los.

Toen al wist ik dat hij me voor het einde van de avond zou voorstellen samen de nacht door te brengen. En ik wist ook dat het onmogelijk zou zijn voor mij om de verleiding te weerstaan als de uitnodiging eenmaal op tafel lag.

Drie uur lang bleven we converseren. Over Wong Kar Wai en Tony Leung. Over het Guggenheim in New York en het Guggenheim in Venetië. Over Rome en Florence. En over nog een hele reeks andere stijlvolle onderwerpen.

Terwijl zijn hand de mijne streelde en ik de ijzige avondbries onder mijn rok voelde waaien en aan Saskia's regels dacht, begon ik me wanhopig af te vragen hoe ik op een sexy manier aan mijn dilemma kon ontkomen.

Toen hij naar binnen ging om af te rekenen, kreeg ik opeens – ik weet niet hoe – een heldere kijk op de zaak: ik moest gewoon verdwijnen voor hij de tijd had avances te maken.

En ik verdween. Ik krabbelde mijn telefoonnummer op een servet, legde die onder zijn glas waarin nog een bodempje wijn stond, en ging ervandoor, met wild kloppend hart, op mijn suède schoentjes, waarvan het enkelbandje brak toen ik de straat overstak.

Ik deed mijn schoenen uit en glibberde op m'n kousen verder, over de beijzelde straten, zo snel ik kon. De stad baadde in zacht-geel licht die nacht en overal zaten mensen buiten te eten en te drinken, op de verwarmde terrasjes en op de stoepen, de hele stad vierde feest die nacht, ook al vroor het dat het kraakte.

Toen ik hijgend thuiskwam, vond ik een bericht op mijn gsm. 'Ik heb alle straten uitgekamd,' las ik. 'Alleen een roze enkelbandje gevonden. Je bent blijkbaar ontvoerd door kosmische krachten van een hogere orde.'

Betekende zijn berichtje dat hij mijn plan leuk had gevonden? Of was het om een punt te zetten achter iets wat nog niet begonnen was?

Het kan me niet schelen, dacht ik, ik heb me vermaakt.

Maar ik lag de hele nacht te woelen. Ik wist niet of het van opwinding was of van de zenuwen. Pas tegen de vroege ochtend viel ik in slaap.

Ik droomde dat ik samen met Matteo te midden van roze en gele renaissancegebouwen op een groot plein stond. Ik zocht naar het straatnaambordje. Na enig zoeken las ik op een gevel: Piazza Wong Kar Wai. Ik keek omhoog en hoog boven in de lucht zag ik honderden gevleugelde paarden, beschilderd met kleurrijke patronen en bedekt met edelstenen.

De dag erop, toen ik slaperig op mijn werk kwam, begroette ik de professor, vroeg hem naar zijn mening over de politieke crisis die gaande was, zette mijn computer aan en vond een bericht.

'Wil je vanavond de zon zien ondergaan in het kanaal?'

Ik lachte. Mijn hart lachte. Mijn lichaam lachte.

Ik vergat mijn slapeloze nacht. Vergat de regels. Meteen na het werk sprong ik in de tram, in een vintage jurk van koperkleurige zijde, en reed rechtstreeks naar de wijk aan het kanaal. De reclameborden op de vervallen herenhuizen langs de tramlijn kondigden de release van een nieuwe film aan, *My Winter of Love*.

Overal affiches, waar ik maar keek, en de hele stad was bedekt met een laag goudvernis.

Matteo woonde in een loft op de bovenste verdieping van een oude textielfabriek. Opgetrokken uit bruine baksteen, net op de grens tussen de hipste buurt van de stad en de buurt waar gesluierde vrouwen rondlopen.

Zijn bed, bezaaid met witsatijnen kussens, sprong meteen in het oog. Het was gemaakt van glanzend tropisch drijfhout en de planken waren niet recht afgezaagd maar hadden hun organische vormen behouden. Het muskietennet dat erboven hing, gaf het iets feeërieks en romantisch.

Aan de witte wanden hingen abstracte schilderijen in gedempte aardetinten en warme schakeringen van okergeel, rood, oranje. Voor de grote openstaande ramen fladderden lange gordijnen van witte tule. De ramen keken uit op het kanaal en over de daken en schoorstenen. Je zag de gouden koepel van het Justitiepaleis aan de ene, en de grijze bollen van het Atomium aan de andere kant. De lantaarnpalen langs het kanaal waren versierd met veelkleurige plastic windmolentjes.

Dromerige, elektronische melodieën uit de jaren zeventig schalden uit de luidsprekers.

Twaalf uur brachten we door onder het muskietennet, zonder tijd te vinden om te slapen. Op de oude donkerbruine plankenvloer brandden waxinelichtjes over de gehele lengte van de muur.

Ik zag de zon ondergaan achter de rode pannendaken aan de ene kant van zijn loft en weer opgaan boven de pannendaken aan de andere kant.

's Ochtends aten we verse ananas, met een glas champagne en een kop zwarte koffie erbij. Dit was een man die mij begreep.

Ik ging rechtstreeks van Matteo naar mijn werk. De regering was gevallen die nacht, hoorde ik in de tram.

De hele dag ondernam ik vergeefse pogingen er een rapport over te schrijven.

'Wil je de zon nog eens zien ondergaan in het kanaal?' mailde Matteo me iets voor vijven.

VENETIAANS ROOD EN HAVANA-OKER

De hele winter lang zou ik de zon zien onder- en opgaan in het kanaal.

Matteo was een succesvol kunstschilder. Galeries in heel Europa en New York verkochten zijn werk. Ik kwam het pas te weten tijdens onze derde date. Bij onze eerste date hadden we het te druk gehad met onze stijlvolle conversatie en bij de tweede hadden we het te druk gehad in zijn bed. Alle schilderijen bij hem thuis waren van eigen hand.

Hij gebruikte alleen natuurlijke pigmenten en leerde me het verschil tussen Havana-oker, rood oker en bruin oker. Tussen granaatappelrood en Venetiaans rood. Tussen natuurlijk siena en gebrand siena. Ik werd verliefd op de kleuren die hij gebruikte, en op de manier waarop hij ze gebruikte.

Hij kocht schetsblokken voor me en een schildersezel, en onderwees me teken- en olieverftechnieken. We schuimden de vernissages in de stad af en hij leidde me rond in de Brusselse musea en nam me mee naar alle tentoonstellingen die die winter plaatsvonden. Ook gingen we samen naar Londen en Venetië, naar Amalfi en Berlijn.

Die winter leerde ik hoe praktisch het is veel kussens te hebben in bed. Hoe goed het voelt ze onder je bekken te hebben tijdens het vrijen. Ik leerde mijn evenwicht te bewaren en mijn cirkel- en achtvormige bekkenbewegingen te perfectioneren terwijl ik in hurkzit boven op Matteo zat, met mijn rug naar hem toe, met mijn gezicht naar hem toe. Soms bond hij met satijnen hand- boeien mijn handen vast aan de planken van zijn bed.

Zijn strelingen waren zacht en licht en warm als een mediter- raanse zeewind en gingen recht naar mijn ziel met de kracht van een orkaan.

Matteo werkte soms met zwart-witfoto's, waarvan hij stukken in zijn schilderijen plakte. Eind maart vroeg hij me mezelf te stre- len, liggend op de satijnen kussens op zijn bed, en maakte een reeks foto's van mijn ogen en mijn lippen op het ultieme mo- ment. Uitsluitend van mijn ogen en mijn lippen.

Mijn ogen en lippen, omvat in Nicosia-groen, Venetiaans rood en Havana-oker, hangen nu bij anonieme kunstverzamelaars over het hele westelijk halfrond.

Op een avond begin april nodigde Matteo me uit in een verfijnd mediterraans restaurant, dat de reputatie had het beste van West- Europa te zijn. We aten kip die gemarineerd was in negen wilde kruiden en die smolt in de mond. De zoete Griekse wijn die we er bij het dessert dronken leek op vloeibaar goud.

Hij keek me aan. Ik verdronk in z'n ogen. Ik hield ervan te ver- drinken in z'n ogen.

'Op een of andere manier, op een of ander moment, is dit op- gehouden een winterliefde te zijn,' zei hij zacht.

Opgehouden een winterliefde te zijn? Mijn hart sloeg een slag over.

Hij stopte even. Schonk ons allebei nog wat wijn in. Ik obser- veerde zijn mooie mediterraanse handen.

Hij klonk. Ik begon te wiebelen op m'n stoel.

Hij zette z'n glas neer. Pakte m'n hand. Bleef me in de ogen kijken. Zijn vrije hand zocht iets in de binnenzak van zijn Italiaanse jasje.

Uiteindelijk legde hij een vierkant doosje midden op de tafel. Een piepklein vierkant doosje. Verpakt in glanzend wit geschenkpapier. Met een gouden strikje erom.

Hij nam mijn beide handen vast.

'Wil je met me trouwen?' fluisterde hij.

De vloer schoof weg onder mijn voeten.

De hemel stortte in.

Drie maanden en tien dagen kenden we elkaar. Hij nam een risico. Ik hou van mannen die risico's durven nemen. Ik heb respect voor de roekelozen.

Maar ik weigerde. Ik deed het doosje niet open.

Zijn ogen waren te blauw, zijn stem was te zacht. Wat we hadden was te hevig, te intens. Ik wilde wat er tussen ons was niet laten degraderen tot iets banaals en alledaags.

Bovendien, wat moest ik met één enkele man? Ik was te romantisch om te trouwen. Niet moedig genoeg voor kinderen. Ik hield van mijn liefdesleven.

Het was mijn lot te dolen en te dwalen, zoveel had ik intussen begrepen.

Ik heb Matteo nooit meer teruggezien. Al het schildersmateriaal dat hij me cadeau had gedaan en dat ik in zijn studio had achtergelaten stuurde hij de dag erop via een koeriersdienst naar mijn appartement, met een bos witte rozen erbij.

GENETISCHE CODE

'Je meent het niet Hannah!' voer Saskia tegen me uit. 'Jij hebt pathologische bindingsangst!'

Ze was net begonnen met haar psychologieopleiding.

'Jij springt godverdomme behoorlijk nonchalant om met de liefde!' bulderde Josh over de telefoon vanuit Genève.

Hij had alles via Sas vernomen. Ik vermoedde dat ze hem had gedwongen me te bellen en me de les te spellen.

'Misschien geloof je diep in jezelf niet dat je het recht hebt te verlangen naar liefde en een partner die onvoorwaardelijk voor je door het vuur gaat,' verzuchtte Anabel vanuit Big Sur. 'Het verlangen naar een levenspartner is in de genetische code van de mens gebakken.'

Waar haalde ze het vandaan? Ze had te lang in Big Sur gewoond, dacht ik.

'In de dierenwereld hebben nagenoeg alleen papegaaien een levenslange partner,' wist ik.

'Als je je wilt spiegelen aan de dieren moet je ook je benen maar niet meer scheren, Hannah.'

'Het gaat niet om de duur van een relatie, maar wat die doet met je ziel. Een korte ontmoeting kan je ziel evenzeer transformeren als een levenslange relatie.'

'Als je echt van iemand houdt en hem volledig wilt beminnen en zijn ziel volledig wilt doorgronden, kom je met alle tijd en concentratie en energie van een heel mensenleven nog niet toe.'

'Ik ben je gepreek beu! Geef me Balthazar maar!'

Die nam het gedwee over. 'Luister niet naar Anabel, Hannah. Ieder mens heeft een eigen aard en moet zijn eigen formules uitvinden voor het leven en de liefde. Wat werkt voor de een werkt niet voor de ander. En als ik een beetje om me heen kijk, zie ik dat het huwelijk voor bijna niemand werkt.'

Anabel pikte het zo te horen niet en rukte hem de hoorn weer uit handen.

'Luister Hannah, het is midden april. Als ik me niet vergis is het in september straks drie jaar geleden dat we je voor het laatst gezien hebben en mag je binnenkort het land weer in. Ga nou alvast naar die consul en vraag om een visum en boek je ticket.'

'Ik heb het erg druk, en Brussel begint me te bevallen!'

'Geen gezever. Je hebt een dosis Big Sur nodig. En vrienden om je heen. En een heropvoeding op het vlak van de liefde.'

'Zet dat laatste maar uit je hoofd.'

'En je hebt rust nodig.'

'Rust?'

'Je verlangt naar rust, Hannah.'

Bij rust kon ik me niets voorstellen. Hoe kon ik er dan naar verlangen?

'Rust interesseert me niet.'

'Je bent volledig in de war. Ga nu maar naar die consul en boek je ticket. Bovendien, Balthazar en ik hebben een kleine verrassing voor je.'

Ik hield nog steeds van Anabel en Balthazar, en van Big Sur, en dus ging ik naar de aardige consul, vroeg een visum aan dat geldig zou zijn vanaf september, en kocht alvast een vliegticket naar L.A. San Francisco lag dichter bij Big Sur, maar ik vloog liever via L.A. Ik wilde L.A. terugzien, mijn geliefde L.A., mijn eigendom, mijn bezit.

Verder besloot ik me niets van Anabels commentaar aan te trekken. Ik was een vrije vrouw. Ik wilde mijn vrijheid dragen als een juweel. Ik wilde de liefde, verder exploreren in al haar vormen, geuren en smaken. Ik wilde de grenzen van mijn seksualiteit verleggen.

Ik begon het internet weer af te speuren naar een geschikte volgende kandidaat.

HOTEL MILLE COLOMBES

Hij noemde zich Kiph T. Elephant. Dat vond ik de mooiste bijnaam ooit. Ik ontmoette hem op een forum over schildertechnieken.

Drieënhalve maand lang stuurde hij me een stroom aan mails en links. Schilderijen. Tekeningen. Beeldhouwwerken. Boeken. Gedichten. Foto's. Filmkritieken. Liedjes. Afbeeldingen van sneeuwvlokken. Subtiel erotische schrijfsels. En een link naar een in origami gevouwen versie van de Kamasutra, waarover ik zo enthousiast was dat hij me omdoopte tot Hannah Origami.

Ik hield van wat-ie deed met m'n hoofd. Hij stimuleerde het. Bevloeide het. Voedde het. Kuste het. Kroop erin. Vulde het. Neukte het. Bezwangerde het. Hij hield me mentaal vast in een stevige greep waaruit niet was los te komen. Net zo stevig als ik graag heb dat mijn polsen worden vastgehouden.

We stuurden elkaar nooit een volledige foto van onszelf. Slechts stukjes en beetjes. Zijn ogen. Mijn enkels. Zijn sleutelbeen. Mijn polsen.

Hij woonde ook in Brussel. We gaven elkaar hints over de bars en restaurants en filmzalen die we bezochten. Maar bleven een date uitstellen. Ik hield van de opwinding en het verlangen. Wilde die bewaren. De roes laten duren. Bovendien, geen enkele ontmoeting in reallife zou de intensiteit van onze conversaties online kunnen evenaren, dacht ik.

Pas op de dag voor mijn vertrek naar L.A., vond ik om halfnegen 's morgens, de volgende e-mail:

Vanavond om acht uur kom je naar Hotel Mille Colombes.

Mijn adem stokte. Hotel Mille Colombes was een klein art-nouveauhotel in een kasseistraat in het oude stadscentrum.

Ik gluurde over mijn schouder om me ervan te verzekeren dat de professor niet meelas. Zag hem met een vergrootglas gebogen over een krant. Las snel verder.

Je zal ziek zijn van angst. Maar je zal komen.
Ik wil dat je vanilleparfum draagt. Een jurkje tot op je knieën.
Zwarte stay-ups. Laarzen. Witkatoenen ondergoed.

Mijn hartslag schoot omhoog.

Vraag de receptionist naar Kiphs kamer. Ga de trappen op. Je maag zal zich omkeren van de zenuwen. Je wilt wegrennen. Toch ga je die trap op.

Het duizelde me. Zijn autoritaire toon wond me op.

De deur van mijn kamer is open. Kom binnen. Doe de deur achter je dicht. Binnen is het volledig donker. Je kan me niet zien.
Zeg geen woord. Vraag niets. Maak geen grapjes. Probeer niet het ijs te breken. Dat is een regel. We mogen de hele ontmoeting geen woord met elkaar wisselen.
Laat je ogen wennen aan het donker. Trek je jas uit.
Je zal beven van angst. Bijna flauwvallen als je me naar je toe voelt komen. Maar je blijft.
Ik zal je polsen beetpakken in een stevige greep. Zoals je dat graag hebt. Onwrikbaar stevig. Niet uit los te komen.

Ik begon te zweten. Hoe wist hij dat ik dat fijn vond? Niets wond me meer op dan dat.
Er ging een rilling over mijn rug.

Dan duw ik je op de vloer. Je houdt je kousen en je laarzen aan. Je jurk ook. Ik zal je benen spreiden en mijn handen zullen recht naar

de binnenkant van je dijen glijden, onder je jurk. Dan naar je buik
en je borsten. Ik zal je tepels zoenen. Erin bijten terwijl ik aan je ha-
ren trek en je neergedrukt hou op de vloer.

Jij zal terugvechten, aan mijn haren trekken, je tanden in mijn
schouders zetten en je nagels in mijn rug planten. Je zal mijn rug
openkrabben en likken van mijn bloed.

Dan trek ik je onderbroekje uit. Ik zal eraan ruiken. Je maakt van
mijn moment van verstrooidheid gebruik door me op m'n rug te rol-
len. Trekt m'n T-shirt en spijkerbroek uit. Plast op m'n blote lijf.
Dan kom je op m'n gezicht zitten. Ik zal je likken tot je bijna dood-
gaat van verlangen.

Fuck, kon ik alleen maar denken. Golven van verlangen en tegelijk van paniek, sloegen door me heen.

We zullen samen klaarkomen. Terwijl ik je neergedrukt hou op de
vloer. Met jouw tanden in mijn schouders. Jouw nagels in mijn rug.
Alles zal gebeuren in volstrekte stilte. En op geen enkel moment mo-
gen we elkaar kussen.

Achteraf sta je op zo snel je kan. Je kleedt je weer aan. Verlaat
het hotel. Rent naar Café Central om de hoek. Wanneer je buiten-
komt zal je mijn bloed zien kleven aan jouw handen. Je zal eraan
likken. Ervan proeven.

Tien minuten later kom ik ook naar Café Central. Al die tijd in
Hotel Mille Colombes was het donker. We konden elkaars gezicht
niet zien. Maar ik zal je herkennen. Aan de geur van je vanille-
parfum. Aan de geur van seks.

Ik rilde. Was dit een grap of meende hij het?

Ik zal vooroverleunen in het café. Je polsen opnieuw beetpakken. In
je oor fluisteren: 'Never been here, how about you?'
    Jij zal antwoorden: 'How did you find me?'

Dat is de geheime code. Die twee zinnetjes zijn de enige woorden die we ooit zullen wisselen.

Op dat punt kan je nog terug. Je kan ervoor kiezen te doen alsof jij het niet bent. De code niet zeggen. In dat geval is het spelletje uit. Dan laat ik je met rust en verdwijn ik. Maar je zal niet willen terugkrabbelen. Je zal de geheime code zeggen.

De donshaartjes op mijn armen stonden recht overeind. Ik veegde het zweet van mijn voorhoofd. Staarde uit het raam.

Ik kende Kiphs echte naam niet eens. Maar hij had het luikje naar mijn ziel gevonden. Was doorgedrongen in de verborgen kerkers van mijn geest.

Ik las verder.

Dan kus ik je. Voor de eerste keer. Midden in Café Central. Zo teder dat je het gevoel zal hebben nooit eerder gekust te zijn.

Ik zal je hand vastnemen en we zullen hand in hand teruglopen naar Hotel Mille Colombes. In stilte. Af en toe blijven we midden op straat staan om te zoenen. Voorbijgangers zullen zich omdraaien om naar ons te kijken en tegen elkaar fluisteren: 'Wat een schattig stel.'

We zullen terugkeren naar dezelfde kamer. Deze keer krabben we elkaars huid niet open. Bijten we niet. Trekken we niet aan elkaars haren. Deze keer zal ik je teder het bed in dragen. Langzaam, een voor een, je laarzen uittrekken, je stay-ups, je jurk, je slipje.

Deze keer zullen mijn lippen je hele huid strelen. Zal ik je lippen en je lichaam met kussen bedekken. Bedrijf ik teder de liefde met je. Traag en diep en zacht en langzaam. Zonder woorden.

's Ochtends zal ik je naar de luchthaven brengen. Nog steeds in stilte. We zullen elkaar vaarwel kussen op de luchthaven alsof we elkaar altijd hebben gekend.

Je zal de hele vlucht naar Los Angeles wenen. Omdat je weet dat je me voor immer zal blijven zal missen. Mijn zweet zal nog aan je huid kleven. Maar je niet kunnen troosten.

That's it. *Je bent doodsbenauwd nu. Je weet niet of ik het meen. Je vraagt je af of dit een grap is of serieus. Maar je weet dat je zal komen opdagen. Vanavond om acht uur in Hotel Mille Colombes.*

Ik voelde mijn hart kloppen in mijn keel. Het zweet druppelde van mijn voorhoofd. Ik had het warm en koud. Gloeiend van verlangen. IJskoud van schrik.

Ik moest denken aan een citaat dat ik hem had gemaild: 'We kunnen alleen maar ten volle van iets genieten als we ons er volledig aan overgeven.' En herinnerde me zijn reactie: 'We kunnen alleen maar aan iets ten onder gaan als we ons er volledig aan overgeven.'

Ik wist niet wat ik moest doen. Had niemand om de kwestie mee te bespreken. Bij Anabel en Saskia hoefde ik niet te rade te gaan.

Half verdoofd pakte ik mijn spullen in voor L.A. Tegen vijf uur was ik klaar. Ik dwong mezelf een ommetje te maken door de regen. Sleepte mezelf als in trance naar m'n stamcafé. Dat leek veranderd in een onherkenbare plaats, als uit een droom of een schilderij van Edward Hopper.

Ik bestelde een dubbele amaretto met veel ijs. Probeerde een Toscaans broodje met tonijn naar binnen te werken. Staarde uit het raam.

Om zeven uur besloot ik te doen wat me was opgedragen. Ik kan me niet herinneren wat me de beslissing ineens deed nemen.

Ik holde naar huis. Trok een witkatoenen onderbroekje aan. Zwarte stay-ups. Bruine suède laarzen. Een bloemetjesjurk. Deed een paar druppeltjes vanilleparfum op mijn polsen en achter mijn oren. Precies zoals Kiph had bevolen.

Op weg naar Hotel Mille Colombes moest ik bijna overgeven van de zenuwen. Misselijk alsof ik in de achtbaan zat. Ik had nooit van achtbanen gehouden. Waarom deed ik mezelf dit aan?

Toen ik bij het hotel arriveerde, wilde ik rechtsomkeert maken, maar ik kon het niet. Als gehypnotiseerd opende ik de deur.

De rustige hal baadde in warm geel licht en was gedecoreerd met krullend houtwerk en glas-in-loodlampen. Het rook er naar boenwas en verse bloemen. Boven de donkerhouten balie hing een gewei.

De receptionist was een gedistingeerde man van rond de zestig. Hij ziet eruit als een Roemeense orkestdirigent, dacht ik.

'Kan ik u helpen, juffrouw?' vroeg hij in accentloos Nederlands.

Ik versteende. Vroeg stamelend en blozend naar Kiphs kamer.

'Kamer 88,' antwoordde hij.

Ik vroeg me af of hij dacht dat ik een callgirl was. Als hij het al dacht, dan toonde hij het niet. Hij hielp me vriendelijk naar de marmeren wenteltrap. De trapleuning rustte op een uit marmer gehouwen zeemeermin. Ik struikelde bijna over een vaas met witte en roze lelies. Klom naar boven over de blauwfluwelen traploper. Voelde me alsof ik over zeegolven liep. De inhoud van mijn maag steeg naar mijn keel. Ik kon amper nog ademhalen.

Toen ik eindelijk voor de deur van kamer 88 stond, viel ik bijna flauw. Maar iets in mij deed me de koperen deurklink omdraaien.

Binnen was het pikdonker. De duisternis desoriënteerde mij. Ik leunde met m'n rug tegen de deur.

En vanaf toen ging niets meer zoals gepland.

Ik was zó nerveus dat alle lust en begeerte die ik tijdens mijn maandenlange e-mailcorrespondentie met Kiph had opgebouwd volledig verdween. Geen spoortje van verlangen bleef nog over.

Ik was helemaal niet opgewonden meer. Alleen maar bang en misselijk.

Ik werd meegesleurd in een draaikolk van angst.

Wilde weg. Wilde rennen.

Maar voor ik kon bewegen, kwam er een lichaam op me af. Het nam m'n polsen stevig vast.

Ik wilde gillen. Me uit de greep bevrijden. Maar kon het niet. Ik was verlamd van angst. Bevroor.

Hij trok zwijgend m'n jas uit. Liet die op de grond vallen. Greep mijn polsen weer. Ik voelde zijn adem op mijn gezicht.

We bleven tegenover elkaar staan in het donker. Ik weet niet hoeveel tijd er voorbijging. Misschien stonden we daar tien minuten. Misschien meer. Misschien minder. Ik was alle besef van ruimte en tijd kwijt.

Mijn hart ging tekeer in mijn keel. Zo hard en snel dat het leek te gaan exploderen in mijn hoofd.

Ik probeerde coherent te denken. Waar was ik eigenlijk het bangst voor? Dat hij gevaarlijk was? Dat het een nerd zou blijken? Dat hij lelijk zou zijn? Dat hij mij lelijk zou vinden?

Misschien was er geen reden om bang te zijn. Maar golven van misselijkheid overspoelden me en het maagzuur gutste tot in mijn keel.

Plots trok hij zacht aan mijn arm en leidde me naar het bed in het duister. Mijn gedachten vlogen op als bange vogeltjes.

Hij liet me even los. Ik kon horen hoe hij de sprei van het bed trok, de dekens opsloeg, en in bed gleed.

Op mijn tenen sloop ik naar de deur en ik draaide de klink om.

Eenmaal weer buiten in het licht van de hal vluchtte ik de trap af, langs de receptionist, die boven een schaakbord gebogen zat, de deur uit. Ik rende de koude stad in. Ik rende en rende en rende tot ik helemaal buiten adem was.

Mijn jas was ik vergeten. Die lag nog ergens op de vloer van kamer 88.

Ik voelde me ellendig.

Geestelijke genoegens duren het langst, dacht ik, terwijl ik rillend van de kou en met wild beukend hart mijn stamkroeg weer binnenviel. Dit soort seks met onbekenden was toch niet wat ik echt wou.

Wat ik wel wilde, daarvan had ik geen idee meer.

CALIFORNIË, BRUSSEL

WELCOME HOME

De dag erop, om twee uur plaatselijke tijd, kwam ik aan in L.A., ellendig en uitgeput. Het eerste wat me opviel toen ik uit het vliegtuigraam keek was het verblindende zonlicht. Zulk mooi licht had ik in geen jaren meer gezien. De hemel was weidser dan in mijn herinnering, en blauwer. De zon geler en groter. De palmbomen langer en ranker.

Vanwege een technisch mankement moest ik twee uur wachten op mijn bagage. Daarna moest ik nog aanschuiven in de rij voor de douane. De gammele luchthaven had geen ramen en het was er een ontzettende rommel. Het plafond lag open en de muren waren afgeplakt met bouwplastic. Alle aanwijzingen waren in drie talen te lezen: Engels, Spaans en Chinees. Of was het Koreaans? Japans?

Ik zag het Mexicaanse schoonmaakpersoneel, de native Americans met hun cowboyhoeden, de oma's op blitse sportschoenen, de meisjes met botoxgezichtjes en nepborsten, en ik dacht: ik kom eraan, m'n verrukkelijke L.A., ik ben terug, je bent van mij.

Ook al had ik een visum, ik werd een uur lang ondervraagd en de douaneagent liet me mijn aankomstverklaring tot drie keer toe overschrijven omdat hij het steeds te slordig vond.

Toen ik eindelijk naar buiten strompelde, was het zes uur 's avonds en twintig graden. De lucht was De Chirico-blauw. De palmbomen wuifden in de wind. Een golf van energie stroomde door me heen.

Ik sprong in mijn huurauto en vond meteen mijn favoriete radiostation terug. Ik gleed door de straten op de exquise elektronische tunes en voelde me alsof ik mijn hele leven nooit anders had gedaan en alsof ik voorbestemd was dit voor de rest van mijn leven te doen.

Ik zag de elektriciteitspalen weer, de *beauty parlors* en de liquor stores, de *health-food*-supermarkten en de *juicebars*, de yogascholen en de Mexicaanse restaurantjes, de kubusvormige huizen met de platte daken, de gardenia's en de jasmijn en een mooier landschap was niet denkbaar.

Ik zoefde naar Venice Beach. Parkeerde de auto elegant op de eerste de beste plaats die ik kon vinden en haastte me naar het strand. Daar zag ik de drummers weer en de saxspelers, de souvenirverkopers, de slangenbezweerder op rolschaatsen, de harmonicaspelende acrobaat, de rastaman die Thelonious Monk speelde op een piano op het strand, de jongens met hun surfplanken en de meisjes met hun biologisch afbreekbare yogamatjes. Ik at een sinaasappel zo van de boom en verbaasde me over de zoetheid en sappigheid ervan. Ik lachte naar iedereen die mijn pad kruiste en iedereen lachte terug. Ik viel op mijn knieën in het zand en weende van geluk. De zon ging net op dramatische wijze onder. De hemel kleurde oranje en roze, turkoois en goud, het leek bijna nep. Ik zag drie dolfijnen en een vlucht pelikanen.

Terug bij mijn auto vond ik onder de ruitenwisser twee boetes voor fout parkeren.

Ik bracht de nacht door in een motel op Sunset dat Alladin's heette.

'Je bent geen achttien meer, maar je bent nog mooi,' zei de man aan de balie terwijl ik me inschreef. 'Je zou nog kunnen trouwen.'

Was dat een compliment of een belediging? Ik was te moe om erover na te denken, laat staan om te reageren. Wat had iedereen toch met trouwen?

Ik stortte neer op mijn bed en sliep veertien uur aan één stuk.

De volgende ochtend reed ik noordwaarts.

Het zicht op de Stille Oceaan langs Highway 1 benam me de adem alsof ik het nooit eerder had gezien.

Tegen zonsondergang bereikte ik Big Sur, waar ik landinwaarts moest, nog verder van de bewoonde wereld, het ronde, groene Santa-Luciagebergte in. Ik trachtte de aanwijzingen te volgen die Anabel me had doorgemaild.

Een smalle bergweg, steil naar boven, de ene haarspeldbocht na de andere.

Ik werd nerveus. Hield ergens stil om de kaart te lezen, maar begreep er niets van. De weg stond niet op de kaart.

Het schemerde al. Er was geen verlichting behalve het licht van mijn koplampen en van de maan. Het dichtstbijzijnde stadje telde vijftienduizend koppen, wist ik, en was nog minstens twee uur rijden.

Ik reed op goed geluk verder en het werd al snel helemaal donker, zo donker dat de hele melkweg zichtbaar was. Ik dacht net dat ik hopeloos verloren was en de nacht in mijn auto zou moeten doorbrengen, toen ik in de verte een groot bord zag opdoemen met daarop in koeienletters: WELCOME HOME HANNAH.

BERGHIPPIES

Anabel en ik vielen elkaar in de armen, en daarna Balthazar en ik, onder de melkweg, tussen de cipressen en de sparren en de eucalyptusbomen.

En toen zag ik de verrassing waarvan Anabel had gesproken: ze had een behoorlijk buikje en bleek vijf maanden zwanger te zijn.

'Ik heb ervoor gezorgd dat de conceptie plaatsvond bij vollemaan,' liet ze me weten. 'Dat is het gunstigste moment.'

Ze was geen spat veranderd. Behalve dat ze nu een wijde oranje wikkeljurk droeg in plaats van haar zwarte fetishgirloutfitje.

Ik bewonderde de hightech yurt waarin ze woonden, met de mooie houten vloer en elektriciteit van zonnepanelen. Balthazar had zelf een douche gebouwd, bevoorraad met water uit het riviertje dat er stroomde. Een douche met zicht op de Stille Oceaan aan de ene en een waterval aan de andere kant. Waarschijnlijk de mooiste douche ter wereld.

Ze hadden een moestuintje en er liepen kippen rond en een geitje.

'We zijn tegenwoordig berghippies,' zei Anabel lachend.

De volgende ochtend kwam Santosh, mijn oude yogaleraar, langs voor het ontbijt.

'Hannah, schatje, welkom thuis. Goed dat je er weer bent,' zei Santosh en hij kuste me warm op de lippen. Santosh was gay. Zijn lippenkussen waren altijd puur spiritueel. Ik hield van Santosh.

'Santosh leidt een meditatiegroep deze maand,' zei Anabel. 'Ik dacht dat het misschien wel iets voor jou was. Hij is zó goed, ze komen vanuit New York en Japan naar hier gevlogen om bij hem studeren.'

Ik ging er niet op in. Meditatie interesseerde me hoegenaamd niet. Ik zat niet graag stil. Ik zat nooit stil.

Balthazar maakte smoothies van banaan, limoen, mango en kokosmelk, we aten muesli met door Anabel gemaakte amandelmelk en bosbessenpannenkoeken die Balthazar voor ons bakte op een gasvuurtje. We aten buiten, in het gras, gezeten op een paar afgezaagde boomstronken, te midden van de geuren van salie en ceder, eucalyptus en jasmijn.

Door de nevels die als reusachtige suikerspinnen aan de heuvels beneden ons kleefden, hadden we het almachtige gevoel boven de wolken te zitten.

Terwijl we genoten van het voedsel en het uitzicht, vertelde

Anabel Santosh verontwaardigd het verhaal van Matteo. En ik deed eerlijkheidshalve verslag van mijn mislukte avontuur in Hotel Mille Colombes.

Ze barstten alle drie in lachen uit.

'Zie je wel, je wilt meer dan alleen maar seks,' zei Anabel.

'Ik weet niet wat ik wil,' zuchtte ik.

Santosh keek me onderzoekend aan met zijn heldere blauwe ogen. 'Sommige mensen benaderen het leven en de liefde emotioneel,' begon hij. 'Anderen benaderen het leven en de liefde rationeel. Weer anderen benaderen het leven en de liefde pragmatisch, zoals Balthazar. Of vanuit een spiritueel standpunt, zoals Anabel. Het hangt allemaal af van je aard.'

Ik vroeg me af waar hij heen wilde.

'En jij behoort tot de categorie mensen die het leven en de liefde esthetisch benadert.'

Daar moest ik over nadenken.

'Houd op met van je liefdesleven een kunstwerk te willen maken. Maak liever kunst.'

Ik dacht aan het schildersmateriaal dat Matteo me had gegeven.

'Je moet je drang naar intensiteit en perfectie toepassen op je kunst, op je werk. Niet op menselijke relaties. Als je dat eenmaal geleerd hebt, zul je volgens mij snel iemand ontmoeten voor wie je bereid bent je dier beminde vrijheid op te geven.'

'Hoera! Hannah eindelijk gekooid,' lachte Balthazar. 'Met een liefdevolle gevangenisbewaker!'

Hij gaf ons nog een pannenkoek.

'En hoe gaat het met mediteren?' ging Santosh verder.

Santosh was een imposante persoonlijkheid. Hij was klein en onopvallend van uiterlijk, maar de kracht van zijn stem en zijn ogen dwongen tot luisteren, tot nadenken.

Ik haalde mijn schouders op.

'Meditatie is niet mijn ding. Ik zit niet graag stil. Ik kan niet stilzitten.'

'Dat geeft juist aan dat je het nodig hebt. Wanneer heb je voor het laatst geprobeerd je grenzen te verleggen?'

Ik dacht aan mijn poging tot grensverleggende seks in Hotel Mille Colombes.

Hij leek mijn gedachten te lezen. 'Ik bedoel op niet-seksueel gebied.'

Dat was een regelrechte provocatie. Ik moest de handschoen opnemen. Ik beloofde elke dag een paar uur te komen mediteren met hem en zijn Japanners en New Yorkers.

De volgende dertig dagen waren zoals alle dagen behoren te zijn. Elke ochtend stond ik om kwart over vijf op. Ik wandelde met Anabel via de houten brug over de bergrivier langs de waterval naar de hete bronnen en vanuit het hete zwavelwater keken we toe hoe de zon opging boven de heuvels terwijl de maan nog boven de oceaan stond. Daarna mediteerden we met Santosh en zijn groep, in een grote yurt op de klippen.

Stilzitten en mediteren was het moeilijkste wat ik ooit had gedaan. Maar als ik de meditatieyurt uit kwam, voelde ik me opgeruimd en sereen. Alsof alle overbodige rommel uit mijn hoofd en hart verdwenen was.

De namiddagen bracht ik met Balthazar en Anabel door op een geheim strand, waar zeehonden lagen te vrijen op de rotsen en zeeotters op hun rug in de golven lagen te joelen. Ik tekende en schilderde of liet me masseren door Anabel. We lazen en luierden en haalden herinneringen op aan onze dwaze dagen in L.A., terwijl Balthazar gitaar speelde.

Vaak doken er van her en der vrienden op die mij *dude* noemden en muziekinstrumenten meebrachten, een cello, een didgeridoo, indiaanse fluiten en handdrums, een West-Afrikaanse harp, en urenlang op het strand zaten te jammen.

's Avonds maakten we een kampvuur op het strand. We smolten marshmallows met chocolade en grilden kip of verse vis en dronken Californische wijn en vertelden verhalen en dansten en keken naar de sterren.

DE MAAN-VENUS-JUPITERCONJUNCTIE

De namiddag van mijn laatste dag vond ik een groot, perfect gepolijst stuk groene jade op het strand.

'Er zijn rotsen van jade hier onder water, langs de hele kust,' wist Balthazar. 'Maar zo'n mooie steen heb ik nog nooit gezien.'

'Het is een teken,' beweerde Anabel. 'Er staat je iets goeds te wachten.'

'Jij en je tekens!' verzuchtten Balthazar en ik tegelijk.

Die nacht trokken we een laatste keer naar de hete bronnen en baadden onder de met sterren bezaaide zwarte hemel. Hoog boven aan de lucht, naast de maan, stonden twee stralende planeten.

'Jupiter en Venus staan conjunct met de maan in Boogschutter,' fluisterde Anabel vol ontzag. 'Wow.'

Naast ons in het bad zat een dokter uit New York die ook in Santosh' meditatiegroep had gezeten. Hij was achtenzeventig maar zag eruit als zestig.

'Wat is het geheim van zo stralend en gezond oud worden?' wilde ik weten.

'Heel simpel. Het gaat maar om drie dingen: wat je eet, wat je denkt en wat je doet. Eet niet-toxisch voedsel. Denk niet-toxische gedachten. En heb liefdevolle seks met niet-toxische mensen.'

'Ik zal het proberen te onthouden,' lachte ik.

'Jij moet uit Nederland komen,' zei hij toen. 'Ik herken je accent. Mijn buurman is een Nederlander. Een jonge man, van jouw leeftijd. Max heet hij, Max...'

De wereld was klein.

Ik vertelde de New Yorkse dokter dat ik uiteindelijk dankzij Max in Big Sur terecht was gekomen, omdat hij me ooit, op een dag, in New York zo onheus had behandeld dat ik had besloten de bus naar de andere kant van de States te nemen.

'Nou, misschien is het moment gekomen dat jullie de draad weer opnemen. Hij is namelijk bij zijn vrouw weg. Zijn vrouw bleek al jaren een affaire te hebben. Met een andere vrouw. Een verpleegster die nog voor mij heeft gewerkt.' Daarop wenste de dokter ons goedenacht en stapte de baden uit.

Zodra hij verdwenen was begonnen Anabel en Balthazar te juichen.

'Go, girl, go!'

Maar ik bleef nuchter. 'Wie zegt dat Max niet ook al een ander heeft? En wie zegt dat het een goed idee is als we weer een stel zouden vormen?'

'Kijk omhoog,' zei Anabel, en ze wees weer naar de maan-Venus-Jupiterconjunctie. 'De sterren staan goed!'

VLIEGENDE PINGUÏNS

De ochtend van mijn vertrek werd ik somber wakker. Balthazar doorzag me.

'Big Sur is geen plaats, het is een levenshouding,' troostte hij me.

Die kende ik al.

Anabel voegde eraan toe: 'Jij bent óók een berghippie.'

Toen ik in mijn huurauto de heuvels af reed lag er een dichte mist voor me uitgerold, als watten tegen de pijn.

In het vliegtuig naar Brussel, met het stuk jade aan een leren koordje om mijn hals, droomde ik dat ik twee manen zag opgaan achter een heuvel waarboven bontgekleurde vissen vlogen zo groot als koeien.

Ik nam een taxi van de luchthaven rechtstreeks naar het kantoor van de professor. Ik schrobde de duivenpoep van het raam en de stoep en schreef twee gedetailleerde rapporten over de laatste staatshervormingsplannen.

Iets na twaalven overhandigde ik ze aan de professor en deelde hem mee dat ik mijn ontslag indiende.

Hij keek me aan over zijn hoornen montuur. Streek met zijn wijsvinger langs zijn neus zonder iets te zeggen en zonder enige emotie te tonen. Daarop zette hij Puccini op, haalde twee kristallen glazen uit de kast, schonk ons allebei een dubbele whisky in en bracht een toost uit op mijn toekomst. Hij keek ernstig en omhelsde me toen ik wegging.

Thuis mestte ik mijn appartement uit. Smeet alle plastic dingen weg. Alle kitcherige sieraden. Alle goedkope made-in-China-weggooi-ketenwinkelkleren. Alles wat nep was, weg ermee. Alles wat overbodig was, weg ermee. Ik wilde alleen nog dingen die essentieel waren, duurzame dingen, dingen met waarde.

Ik griste alle jurken, rokken, bloezen die ik had uit mijn kast, propte ze in kartonnen dozen en deponeerde ze in de container van de kringloop op de parkeerplaats van de supermarkt.

Vervolgens holde ik naar een hippe winkel, kocht twee strakke jeans en een paar witte herenhemden.

Daarna ging ik in mijn strakke nieuwe jeans en een wit herenhemd langs bij mijn bank om geld op te nemen, sprong op de tram naar het centrum en schreef me in op de kunstacademie.

Die nacht droom ik dat ik over een leeg strand loop. Het zand is okergeel. De zee spiegelglad. Ik staar naar de turkooizen hemel. Ontwaar twee stipjes in de verte. Wolken? De stipjes bewegen sneller dan wolken. Komen razendsnel naar me toe gevlogen. Ik zie dat het geen wolken zijn maar vliegende pinguïns. Bizar, denk ik nog, ik wist niet dat pinguïns konden vliegen.

Als ik wakker word is het drie uur 's nachts. Ik spring uit bed om mijn droom te schetsen. Terwijl ik aan het tekenen ben, seint mijn computer dat ik mail heb.

Het is Max. Hoe het ermee gaat. En dat hij die week door Brussel komt. Voor een etmaal, op terugreis naar New York van een ander continent, waar hij momenteel is voor zijn werk.

Mijn hart springt door het plafond.

Anabel had gelijk. De sterren stonden goed.

Ik weet niet wat ik moet denken van Max' mail. Ik weet niet of hij mij nog wil en ik weet niet of ik hem nog wil, en als we elkaar nog willen dan weet ik niet of het een goed idee is elkaar nog te willen. Ik weet alleen dat ik naar dat station moet.

Het is een jaar geleden, Parijs. Intussen hebben we wel nog gemaild. Over vroeger en over nu. Over onze levens en over het leven. Over de boeken die we hebben gelezen en de films die we hebben gezien. En telkens als ik een bericht van hem vond, stelde ik weer vast dat ik me licht en blij en sereen voelde als een Italiaans popliedje uit de jaren zeventig en dacht ik weer: dit gevoel wil ik bewaren. En soms dacht ik: niemand anders heeft me me ooit doen voelen als een Italiaans popliedje uit de jaren zeventig.

Drie dagen later spreken we af. Om zeven uur 's avonds aan het Brusselse Centraal Station. Om elf uur 's ochtends moet hij op Zaventem zijn om het vliegtuig naar New York te nemen.

Ik trek mijn strakke jeans aan en een wit hemd en hoge pumps uit de kasten van tante Emmie. Ik heb nog net de tijd om naar de kapper te hollen. Hij verft mijn haar een toon te donker.

Ik ben zo zenuwachtig als ik mijn appartement verlaat, dat ik merk dat ik buitenkom met een fles melk in m'n handen in plaats van mijn handtas. Ik ren weer naar boven en vind mijn handtas in de koelkast.

Ik storm naar het station. Ik struikel een paar keer over m'n eigen voeten en m'n make-up loopt uit van het zweet.

Ik ben een paar minuten te vroeg. Terwijl ik op hem sta te wachten probeer ik diep adem te halen, zoals Santosh me heeft geleerd. Ik hoop dat mijn foute haarkleur niet opvalt in het schemerdonker. Probeer, om mezelf te kalmeren, me een mantra van Anabel te herinneren, maar het lukt me niet.

Dan zie ik zijn haarbos opduiken bij de roltrappen. Hij wuift en grijnst en neemt de roltrap naar boven.

Hij is nog steeds niets veranderd. Ik wil het hem niet zeggen, bang dat het klinkt als een cliché. Ooit komt de dag dat we veranderd zullen zijn, weet ik.

Hij loopt op me af. We kussen elkaar op de wang.

Ik weet niet direct wat ik moet zeggen. Hij ook niet.

Hij lacht. Ik lach. We zwijgen.

Plots voel ik me niet zenuwachtig meer. Ik voel me alleen nog maar vrolijk.

We zetten zijn bagage af in een ketenhotel dat zijn bedrijf voor hem heeft geboekt. Wandelen het hotel meteen weer uit, het gele lantaarnlicht van de straten in.

Hij stopt even, kijkt me in de ogen, grijnst weer, knikt en grijpt mijn hand. Spiraalvormige wolken drijven door de lucht. De hemel is turkoois, bijna wit boven de zwarte daken.

We dwalen urenlang hand in hand door de nacht, ook als het begint te stortregenen wandelen we verder. We gaan van café naar café, waar we thee drinken, geen abdijbier meer, want we kunnen niet meer tegen de katers.

Om middernacht houdt Max een taxi aan.

'La plage d'Ostende, monsieur!' beveelt hij in slecht Frans.

We rijden naar het strand in Oostende, bijna honderd kilometer verderop. We rennen door de regen, met onze kleren aan de zee in, en laten de regen en de golven over ons heen spoelen. Helemaal doorweekt vallen we een hotel op de Promenade binnen en vragen om een kamer.

Als we de gordijnen van de hotelkamer dichttrekken, horen we buiten de eerste vogeltjes fluiten. We rukken onze natte kleren uit en wrijven elkaar droog en ploffen neer op het bed en ik voel zijn naakte huid tegen de mijne voor de eerste keer in ik ben vergeten hoeveel jaar.

Opeens herinner ik me Anabels tantrageheim. Aarzel niet. Ik geef Max een duw zodat hij op zijn rug rolt en kruip boven op hem. Mijn voorhoofd tegen het zijne. Mijn kin tegen de zijne. Mijn hart tegen het zijne. Mijn zonnevlecht tegen de zijne. Mijn navel tegen de zijne. Mijn geslacht tegen het zijne. De wreven van mijn voet tegen de zijne. Mijn open handpalmen in de zijne.

'Kijk me recht in de ogen,' beveel ik. 'En haal diep adem.' En ik adem uit als hij inademt en adem in als hij uitademt. Tien keer na elkaar. Mijn open mond op de zijne.

Hij laat me doen en achteraf blijft hij me recht in de ogen kijken en zucht: 'Kus me wild!'

Ik doe het.

Ik vind dat we het verdiend hebben.

NAWOORD

Anabel en Balthazar kregen een zoontje dat ze Woods doopten. Hij werd geboren met lange ravenzwarte haren. Toen Woods zes maanden was, verhuisde Anabel met toestemming van Balthazar naar een Tibetaans boeddhistisch klooster in Noord-Californië.

Balthazar en Woods wonen nog steeds in een yurt aan een waterval in Big Sur. Woods' eerste woordjes waren: 'Kijk, een vlinder!'

Saskia is klaar met haar opleiding tot psychologisch assistente. Ze schrijft een relatieadviesrubriek in een vrouwenblad. Zij en de Hongaar met de smaragdgroene ogen plannen een extravagant trouwfeest in een chic hotel in Boedapest.

Josh en zijn vrouw zijn nog steeds aan het bankieren in Genève. Ze hebben net een vierde kindje geadopteerd.

Santosh lanceert yogaprojecten voor tieners in de Lower East in L.A.

Mijn moeder heeft op haar vijfenzestigste een nieuw advocatenkantoor geopend. Ze heeft intussen de echtscheiding gedaan van vijfenzeventig procent van de meisjes die bij mij op de lagere school zaten.

Mijn vader is met pensioen en trekt drie keer per jaar met Artsen zonder Vakantie naar Afrika om vrouwen te opereren van wie de blaas is geperforeerd tijdens de bevalling.

Voor haar zeventigste verjaardag gaf ik tante Emmie een cruise op de Middellandse Zee cadeau. Het was de eerste keer in haar leven dat ze op vakantie ging, de drie dagen op Schiermonnikoog in 1962 niet meegerekend. De pianist die voor de achtergrondmuziek zorgde tijdens het avondeten op het schip maakte haar het hof van Nice tot in Lissabon. De twee wonen nu in een wit huis op de Veluwe.

Max en ik brengen elk seizoen een maand samen door, samen met zijn zoontje. Soms in Nederland. Soms in New York. Soms in een wit hotelletje op een Grieks eiland met gele stranden.

Een maand per seizoen volstaat. Afstand creëert verlangen, heb ik geleerd, en ik hou van de vreugde van het elkaar weerzien.

Als ik klaar ben met mijn schildersopleiding wil hij met me emigreren naar een zonnig land met twee oceanen. Ik wil met hem mee.

BIJZONDERE DANK AAN:

Marga de Boer van Uitgeverij Sijthoff, voor het vertrouwen en voor de begeleiding bij het herschrijven van *Kus me wild*;

Esalen Institute in Big Sur, Californië, voor alle magie;

Lance Lindborg en de Busstop Hurricanes, voor het lenen van de lyrics van 'Burn';

Al mijn muzes, voor de inspiratie en de herinneringen.